www.ingramcontent.com/pod-product-compliance
Lightning Source LLC
LaVergne TN
LVHW020443070526
838199LV00063B/4839
9789358726381

ہندوستانی فلمیں:
فن اور فنکار
(مضامین)

مرتبہ:
مکرم نیاز

© Taemeer Publications LLC

Hindustani Filmein : Funn aur Funnkaar

by: Mukarram Niyaz

Edition: July '2024

Publisher :

Taemeer Publications LLC (Michigan, USA / Hyderabad, India)

ISBN 978-93-5872-638-1

9 789358 726381

مرتب یا ناشر کی پیشگی اجازت کے بغیر اس کتاب کا کوئی بھی حصہ کسی بھی شکل میں بشمول ویب سائٹ پر اَپ لوڈنگ کے لیے استعمال نہ کیا جائے۔ نیز اس کتاب پر کسی بھی قسم کے تنازع کو نمٹانے کا اختیار صرف حیدرآباد (تلنگانہ) کی عدلیہ کو ہو گا۔

© تعمیر پبلی کیشنز

کتاب	:	**ہندوستانی فلمیں : فن اور فنکار**
مرتب	:	**مکرم نیاز**
صنف	:	تحقیق و تنقید
ماخذ	:	ماہنامہ 'اردو دنیا (نئی دہلی)' سے منتخب شدہ مقالے
ناشر	:	تعمیر پبلی کیشنز (حیدرآباد، انڈیا)
سالِ اشاعت	:	۲۰۲۴ء
صفحات	:	۱۲۴
سرورق ڈیزائن	:	تعمیر ویب ڈیزائن

فہرست

(۱) اردو-ہندی ناولوں اور ڈراموں پر مبنی فلموں کا جائزہ	شہزاد بخت	6
(۲) ستیہ جیت پال رے اور ان کی فلمیں	منتظر قائمی	21
(۳) تحریک آزادی اور ہماری فلمیں	انیس امروہوی	31
(۴) بالی ووڈ فلمیں اور مشاہیر اردو	محمد عارف	39
(۵) ہندوستانی فلموں کے مکالمے اور اردو	محمد منور عالم	54
(۶) ڈراما 'انارکلی' اور فلم 'مغل اعظم' ایک تجزیاتی مطالعہ	افسانہ حیات	61
(۷) ڈراما 'انارکلی' پر مبنی فلمیں	اشفاق احمد عمر	71
(۸) ہندوستانی سنیما کا آخری مغل : کمال امروہی	انیس امروہوی	88
(۹) فلم میکنگ اور ڈراما	مزمل سرکھوت	105
(۱۰) بلراج ساہنی	انیس امروہوی	114

اردو-ہندی ناولوں اور ڈراموں پر مبنی فلموں کا مختصر جائزہ

شہزاد بخت

فلمسازوں کی بنیادی ضرورت ناول کی ایک ایسی کہانی ہوتی ہے جو دل پذیر ہو اور عوامی مزاج سے ہم آہنگ بھی ہو۔ تفریح کے پیش نظر پردۂ سیمیں پر پیش کرنے کے لیے کہانیوں کی تلاش میں سنیما و قتاً فو قتاً تمام زبانوں کے ادب پر منحصر رہا ہے۔ ادب اپنی مقبولیت، شہرت اور عوامی رسائی کے لیے ہمیشہ پردۂ سیمیں کا متلاشی رہتا ہے چونکہ اس کی اس قدر وسیع پیمانے پر نمائش اور پسندیدگی کا کوئی اور موئثر ذریعہ میسر نہیں ہے۔ کسی ناول کے مواد یا کہانی کو پردۂ سیمیں پر فلمی شکل میں ڈھال کر پیش کرنا اور عوام کو متاثر کر لینا نہایت مشکل کام ہے، فلم کی کہانی باوجود تمام کوشش کے اگر کلاسک بنتی ہے تو یہ امر مزید پیچیدہ اور توجہ طلب ہو جاتا ہے۔ یہ ہدایت کار کا اپنا وژن ہے کہ وہ کہانی کے ساتھ انصاف کر سکتا ہے یا نہیں۔ ستیہ جیت رے، رتوک گھاٹک، مرنل سین، اور شیام بینگل جیسے فلم سازوں نے بغیر کسی رکاوٹ کے صفحات پر موجود الفاظ کو اسکرین پر چلتے پھرتے منظر ناموں، جذبات و احساسات سے پُر مکالموں میں تبدیل کیا ہے۔

زیر نظر مضمون میں ہم دیگر زبان و ادب کے مقابلے میں اردو ناولوں کا تذکرہ کریں تو مقام تاسف ہے کہ اردو ناول باوصف تمام اپنالو ہامنوا نے میں اس قدر کامیاب نظر نہیں آتے جس کے وہ قرار واقعی مستحق ہیں۔ اس مطالعے کا مقصد اس صد سالہ فلمی منظر نامے

میں اردو ناول کی بازیافت اور مستقبل میں امکانات کی تلاش و جستجو سے عبارت ہے۔ تقریباً گزشتہ نصف صدی سے زائد عرصے یں اردو زبان ادب کی دھاک جہاں مکالمہ نگاری، نغمہ نگاری، منظر نامے اور کہانی کے حوالے سے قائم تھی اب وہ علاقائی زبان و ادب کی رہین منت بن کر رہ گئی ہے۔اس سلسلے میں از سر نو احیاکے لیے کون سے نتیجہ خیز اور موئثر اقدامات کرنے ہوں گے یہ قابل تدبر و تفکر نیز غور طلب مسئلہ ہے۔ بہر کیف یہاں ہم کلاسک ناولوں پر مبنی چند نمایاں ہندوستانی فلموں کا جائزہ لیتے ہیں کہ کیسے فلموں کے کردار ایک ناول کے محور پر اپنے تاثر کا جلوہ بکھیرتے ہیں۔

ولیم شیکسپیئر کے ناولوں پر مبنی فلمیں

مشہور زمانہ، صاحب اسلوب اور ڈرامہ صنف کے بے تاج بادشاہ ولیم شیکسپیئر کو کون نہیں جانتا؟ بر صغیر ہی نہیں بلکہ دنیا کے تمام زبان و ادب کی عوام میں موصوف یکساں مقبول ہیں۔ ذہین ڈرامہ نگار کے ڈرامے زمانہ قدیم سے دنیا بھر کے تھیٹروں میں مختلف زبان و ادب میں پیش کیے جاتے رہے ہیں۔ معروف بھارتی اداکار نصیر الدین شاہ نے ایک مرتبہ کہا تھا۔

"جڑیں کھوئی ہوئی نظر آتی ہیں، لیکن ہندی فلم انڈسٹری کی ہر بڑی کہانی شیکسپیئر کی ہے۔"

آیئے ہم ولیم شیکسپیئر کے ڈراموں اور اردو ادب کے ساتھ ساتھ دیگر زبان و ادب پر مبنی ناولوں کی فلمبندی پر ان کی ضمنیات کے ساتھ دیگر بالی ووڈ فلموں پر ایک نظر ڈالتے ہیں۔بالی ووڈ میں ولیم شیکسپیئر کے بہت سارے مداح ملے، جنھوں نے ان کے ڈراموں اور کہانیوں (ناولوں) کو بالی ووڈ بلاک بسٹر میں تبدیل کیا۔

ہیملیٹ کا المیہ ۱۶۰۳ میں ڈنمارک کے شہزادہ ہیملیٹ کا المیہ پر مبنی ناول لکھا گیا

تھا۔

اس سانحے نے ڈرامے 'حیدر' کو متاثر کیا، جس میں شاہد کپور، شردھا کپور، تبو، کے کے مینن، اور عرفان خان شامل تھے۔ فلم کو وشال بھاردواج اور سدھارتھ رائے کپور نے پروڈیوس کیا ہے، اور اس کے ہدایت کار وشال بھاردواج ہیں۔ یہ تیسری فلم ہے جسے بھاردواج نے شیکسپیئر کے ڈراموں سے اخذ کیا ہے۔

میکبتھ کا المیہ اپریل ۱۶۱۱ میں لکھا گیا تھا۔ مقبول اسی پر مبنی ہے۔ ممبئی گینگیسٹر کی سیاہ کہانی خونریزی اور فریب سے بھری ہوئی تھی۔ اس فلم میں پنکج کپور، عرفان، تبو، نصیر الدین شاہ، اوم پوری اور پیوش مشرا جیسے کچھ بڑے ہندوستانی سینما ستارے تھے۔ سال ۲۰۰۳ میں ریلیز ہونے والی اس فلم کو بوبی بیدی نے پروڈیوس کیا تھا اور اس کی ہدایت کاری وشال بھادواج نے کی تھی، جنھوں نے فلم کا بیک گراؤنڈ اسکور بھی کمپوز کیا تھا۔ اگرچہ معاشی طور پر آمدنی میں زیادہ موئثر کارکردگی دکھانے میں ناکام رہی، لیکن اداکاری اور ہدایت کاری کے فنی لحاظ سے اس فلم کو ایک سنگ میل سمجھا جاتا ہے۔

اوتھیلو کا المیہ پر اومکارا مبنی ہے۔ یہ فلم بے حد پسند کی گئی، لنگڑا تیاگی، کیسو فرنگی یا اومکارا کے کرداروں نے ہماری زندگیوں میں اپنے نقوش چھوڑے ہیں۔ اس میں اجے دیوگن، کرینہ کپور، کونکنا سین شرما، سیف علی خان، وویک اوبرائے، نصیر الدین شاہ اور بپاشا باسو نے اداکاری کی۔ ۲۰۰۶ کی فلم کو کمار مانگٹ نے پروڈیوس کیا تھا اور اس کی ہدایت کاری وشال بھاردواج نے کی تھی۔

کامیڈی آف ایررز ۱۵۹۴ میں لکھے جانے والے کامیڈی ڈرامے نے چھ تا دس ہندوستانی فلموں کو متاثر کیا ہے۔

دو دُونی چار (۱۹۶۸) جس میں کشور کمار اور اسیت سین شامل تھے۔

انگور (۱۹۸۲) سنجیو کمار اور دیون ورما نے اداکاری کی۔ شیکسپیئر کی 'کامیڈی آف ایررز' پر مبنی فلم 'انگور' کی ہدایت کاری گلزار نے کی تھی۔

بھرنتی بلاس (۱۹۶۳ بنگالی فلم) جس میں اتم کمار اور بھانو بندوپادھیائے نے اداکاری کی۔

الٹا پلٹا (۱۹۹۷ کنڑ فلم) جس میں رمیش اراوِند اور کریب سوایا نے اس فلم میں اداکاری کے جوہر دکھائے۔

رام اور شیام، دلیپ کمار وحیدہ رحمان نروپا رائے اور پران نے اس فلم میں اداکاری کی۔

رومیو اینڈ جولیٹ ۱۵۹۷ میں لکھا گیا، اس ٹریجڈی ڈرامے نے آج تک کئی بالی ووڈ فلموں کو متاثر کیا ہے۔ رومیو اور جولیٹ سے متاثر ہونے والی کچھ فلموں کے عنوانات درج ذیل ہیں:

بابی (۱۹۷۳) جس میں رشی کپور اور ڈمپل کپاڈیہ تھی۔

ایک دوجے کے لیے (۱۹۸۱) جس میں کمل ہاسن اور رتی اگنی ہوتری نے اداکاری کی۔

صنم تیری قسم (۱۹۸۲) جس میں کمل ہاسن اور رینا رائے شامل ہیں۔

قیامت سے قیامت تک (۱۹۸۸) جس میں عامر خان اور جوہی چاولہ نے اداکاری کی۔

سوداگر (۱۹۹۱) جس میں منیشا کوئرالہ اور وویک مشران شامل تھے۔

عشق زادے (۲۰۱۲) جس میں پرینیتی چوپڑا اور ارجن کپور نے اداکاری کی۔

عشق Isshq (۲۰۱۳) اداکار پرتیک اور عمیرہ دستور اور گولیوں کی راس لیلا: رام

لیلا(۲۰۱۳) جس میں دیپیکا پڈوکون اور رنویر سنگھ شامل ہیں۔

منشی پریم چند کے ناولوں پر مبنی فلمیں

شطرنج کے کھلاڑی (۱۹۷۷):

ہدایت کار: ستیہ جیت رے۔ شاید، منشی پریم چند کے ساتھ فخر بنگال ہدایت کار ستیہ جیت رے کے تعاون سے سب سے زیادہ مشہور، ۱۹۷۷ کی کلاسک فلم شطرنج کے کھلاڑی رہے۔ یہ اودھ بادشاہی کے آخری دنوں اور وقت کے بہاؤ میں پھنسے غیر فعال مردوں کی بے حسی پر مصنف کی کہانی پر مبنی فلم تھی۔ جس میں امجد خان، سعید جعفری، سنجیو کمار، شبانہ اعظمی، فاروق شیخ اور رچرڈ ایٹنبرو کی شاندار کاسٹ نے ستیہ جیت رے کے وژن کے جادو میں اضافہ کیا۔ ستیہ جیت رے کی پہلی ہندی فلم، شطرنج کے کھلاڑی، ۱۹۷۷ میں ریلیز ہوئی تھی۔ یہ فلم منشی پریم چند کی اسی نام کے افسانے پر مبنی ہے اور یہ ۱۸۵۷ میں پہلی جنگ آزادی سے عین قبل ۱۸۵۶ کی کہانی پر بنائی گئی ہے۔ فلم کی کہانی دو رئیسوں کے گرد مرکوز ہے جو شطرنج کھیلنے میں اس قدر ڈوبے ہوئے ہیں کہ وہ اپنے فرائض اور ذمے داریوں سے غفلت برتتے ہیں۔ ایسٹ انڈیا کمپنی کے ذریعے اپنے گھر، اودھ کے الحاق کے خلاف کارروائی کرنے میں ناکام رہتے ہیں۔

غبن (۱۹۶۶):

ہدایت کار: رشی کیش مکھرجی۔ نسبتاً زیادہ بالی ووڈش فلم رشی کیش مکھرجی کی غبن (۱۹۶۶) تھی۔ جو منشی پریم چند کے اسی نام کے کلاسک ناول پر مبنی ہے۔ اس میں سنیل دت اور سادھنا نے مرکزی کردار ادا کیا تھا۔ ایک اچھے آدمی کی کہانی جو اپنا راستہ کھو دیتا ہے، غبن میں سنیل دت نے تنقیدی طور پر سراہا جانے والا کردار ادا کیا۔

گئودان (۱۹۶۳):

ہدایت کار: ترلوک جیٹلی۔ یہ پہلی بار ۱۹۳۶ میں شائع ہوا، 'گئودان' کا شمار ہندی میں لکھے گئے عظیم ناولوں میں ہوتا ہے۔ اس کتاب نے ۱۹۶۳ میں ترلوک جیٹلی کی ہدایت کاری میں بڑے پردے پر اپنا راستہ تلاش کیا۔ راج کمار اور کامنی کوشل، محمود اور شوبھا کھوٹے کے ساتھ معاون کرداروں میں، یہ فلم پریم چند کے ناول کے مطابق تھی۔

مل مزدور: ۱۹۳۴ :

ہدایت کار موہن بھونانی۔ مشہور مصنف منشی پریم چند کی لکھی ہوئی یہ واحد فلم ہے جس میں انھوں نے ایک مختصر کردار بھی ادا کیا ہے۔ اس فلم کو تنازعات کا سامنا کرنا پڑا کیونکہ اس کی کہانی ایک پرہیز گار مل مزدور کے ایک پرجوش بیٹے کی ہے جو مل کا وارث ہوتا ہے اور اپنے کارکنوں کے ساتھ حقارت کا سلوک کرتا ہے۔ یہ اپنی بہن کے ساتھ تنازعات میں رہتا ہے جو اپنے والد کی میراث کو جاری رکھنے کی خواہشمند ہے۔ بہن کے مزدوروں کو اپنے بے راہرو بھائی کے خلاف ہڑتال پر اکسانے کے منظر نے پورے ملک میں خاص طور پر ٹیکسٹائل ملوں کے مرکز ممبئی میں اشتعال انگیز رد عمل کو جنم دیا اور بہت سے معاملات میں طاقت کے استعمال کے ذریعے فلم کو سینما گھروں سے باہر نکالنا پڑا۔ پھر بھی اس نے اُس زمانے میں صنعتی زندگی کے ساتھ ساتھ محنت کشوں کی مشکلات کی ایک واضح، درست تصویر کشی ہے۔

ستم ظریفی یہ ہے کہ بنارس میں پریم چند کے اپنے پریس کے کارکنوں کو اس فلم کے ذریعے اجرت کی عدم ادائیگی کے خلاف ہڑتال کرنے کی تحریک ملی۔ کتھا سمراٹ پریم چند نے ہندی فلم انڈسٹری کے لیے اسکرپٹ بھی لکھے، لیکن ان کا کیریئر آگے نہیں بڑھ سکا۔ کون سی طنزیہ تحریر ان کی راہ میں حائل ہوئی؟ اس پر کچھ کہنا دشوار ہے۔

ہیرا موتی (۱۹۵۹):

'دو بیلوں کی کتھا' منشی پریم چند کی بہت سی مختصر کہانیوں میں سے ایک ہے۔ کہانی دو بیلوں اور ایک غریب کسان کی زندگی میں ان کی اہمیت کے گرد گھومتی ہے۔ فلم ہیرا موتی (۱۹۵۹) نے ٹکٹ کاؤنٹر پر شاید کوئی نشان نہ بنایا ہو، لیکن اس میں نروپا رائے اور بلراج ساہنی نے کام کیا، جو خود ترقی پسند مصنفین تحریک کی پیداوار تھے۔

سدگتی (۱۹۸۱)۱۹۸۱ :

قومی چینل دوردرشن نے ایک فلم بنانے کے لیے ستیہ جیت رے سے رابطہ کیا، اور ماسٹر نے اس کام کے لیے پریم چند کی ایک کلاسک کہانی کا انتخاب کرنے پر مجبور کیا۔ ٹیلی فلم سدگتی ایک 'اچھوت' شخص کی کہانی پر مبنی تھی جو ایک برہمن کو خوش کرنے کی کوشش کر رہا تھا۔ اچھوت چاہتا ہے کہ برہمن اس کی بیٹی کی شادی کی رسومات ادا کرے۔ یوں بھی ایسا لگتا ہے کہ منشی پریم چند کی کہانیوں کا ستیہ جیت رے پر گہرا اثر تھا، کیونکہ ان کی دوسری ہندی فلم مصنف کی کہانی سدگتی پر مبنی تھی۔ اوم پوری اور سمیتا پاٹل نے اداکاری کی، سدگتی اس ملک میں اچھوتوں کی المناک زندگیوں کا ایک خوفناک واقعہ ہے۔

بازار حسن ۲۰۱۴ (جسم فروشی):

گھوش، جیت گوشوامی، اوم پوری اور یشپال شرما، اور دھننجے کمار نے لکھا تھا۔ اس کی کاسٹ میں معروف ٹی وی سٹار ریشمی گھوش بازار حسن میں سمن کے روپ میں نظر آ رہی ہیں۔ جب کہ اوم پوری ان کے والد کشن چند کا کردار نبھا رہے ہیں۔ جیت گوشوامی اور یشپال شرما جیسے اداکار ریشمی گھوش پر مبنی فلم کی ذات بحیثیت سمن، جیت گوسوامی سدان، اوم پوری بطور کشن چند، یشپال شرما بطور گجادھر، راجیشوری سچدیو دیدی کے طور پر فلم میں اہم کردار ادا کر رہے ہیں۔

پتی پتنی اور وہ(۱۹۷۸):

پتی پتنی اور وہ، بی آر چوپڑا کی ۱۹۷۸ کی فلم جس میں سنجیو کمار، ودیا سنہا اور رنجیت کور شامل ہیں، یہ ہندی ناول نگار کملیشور کے ناول 'پتی پتنی اور وہ' پر مبنی ہے۔ کملیشور نے فلم کا اسکرین پلے بھی لکھا، جس کے لیے انھیں فلم فیئر ایوارڈ سے نوازا گیا۔ یہ فلم ماورائے ازدواجی معاملات پر ایک مزاحیہ انداز کی فلم ہے جس میں مرکزی کردار شادی شدہ ہونے کے دوران اپنے سیکرٹری کے ساتھ ناجائز تعلقات میں مشغول ہو جاتا ہے۔ یہ فلم ان مزاحیہ حرکات کی پیروی کرتی ہے جس میں وہ اپنی بیوی اور سکریٹری دونوں سے سچائی چھپانے کے لیے کرتا ہے۔

گلشن نندا کے ناولوں پر مبنی فلمیں

گلشن نندا بالی ووڈ فلموں کا کافی مشہور و معروف نام ہے۔ ناول نگار گلشن نندا، موجودہ دور کے تجربہ کار پبلسٹی ڈیزائنرز راہُل اور ہمانشو نندا کے والد، ۶۰ اور ۷۰ کی دہائی میں اس قدر مقبول تھے کہ ان کے بیشتر ناولوں کو مندرجہ ذیل کامیاب فلموں میں ڈھالا گیا۔

فلم کاجل(۱۹۶۵) :

گلشن نندا کی کامیابی کی کہانی اسی فلم سے شروع ہوئی جو گلشن نندا کے ناول 'مادھوی' پر مبنی تھی۔

پھولوں کی سیج ۱۹۶۴ :

یہ ہندوستانی ہندی زبان کی سماجی فلم ہے جسے اندر راج آنند نے لکھا اور ہدایت کاری کی جو گلشن نندا کے اسی نام کے ناول پر مبنی ہے۔

کاجل (کحل) (۱۹۶۵):

ایک بالی ووڈ فلم ہے جو گلشن نندا کے ناول 'مادھوی' سے اخذ کی گئی ہے۔

ساون کی گھٹا (۱۹۶۶):

ایک بالی ووڈ میوزیکل رومانوی فلم ہے یہ گلشن نندا کے ناول پر مبنی تھی۔

پتھر کے صنم (۱۹۶۷):

بالی ووڈ کی ہندوستانی ہندی زبان کی فلم ہے یہ فلم گلشن نندا کے ناول پر مبنی تھی۔

نیل کمل (۱۹۶۸) :

بالی ووڈ کی یہ بہترین فلم گلشن نندا کے ناول پر مبنی ہے جس کی ہدایت کاری رام مہیشوری نے کی تھی۔

کھلونا (۱۹۷۰):

ایک بالی ووڈ میوزیکل رومانی ہے یہ فلم گلشن نندا کے ناول پر مبنی تھی۔

کٹی پتنگ (۱۹۷۱):

یہ فلم مشہور ہندی ناول نگار گلشن نندہ کے کٹی پتنگ ناول پر مبنی ہے۔ خاص بات یہ ہے کہ گلشن نندا کو فلم کا اسکرین پلے لکھنے کا موقع ملا۔

شرمیلی (۱۹۷۱):

ایک بالی ووڈ میوزیکل رومانی ہے یہ فلم گلشن نندا کے ناول پر مبنی تھی۔

نیا زمانہ (۱۹۷۱) :

ایک بالی ووڈ میوزیکل رومانی ہے یہ فلم گلشن نندا کے ناول پر مبنی تھی۔ اسے آغا جانی کشمیری نے لکھا۔

داغ (۱۹۷۳):

ایک بالی ووڈ میوزیکل رومانی ہے یہ فلم گلشن نندا کے ناول پر مبنی تھی۔

جھیل کے اس پار(۱۹۷۳):
ایک بالی ووڈ میوزیکل رومانی فلم ہے یہ فلم گلشن نندا کے ناول پر مبنی تھی۔

جگنو(۱۹۷۳):
ایک بالی ووڈ میوزیکل رومانی فلم ہے یہ فلم گلشن نندا کے ناول پر مبنی تھی۔

جوشیلا(۱۹۷۳):
ایک بالی ووڈ میوزیکل رومانی فلم ہے یہ فلم گلشن نندا کے ناول پر مبنی تھی۔

اجنبی(۱۹۷۴):
ایک بالی ووڈ میوزیکل رومانی فلم ہے یہ فلم گلشن نندا کے ناول پر مبنی تھی۔

چھوٹے سرکار(۱۹۷۴):
ایک ہندوستانی بالی ووڈ فلم ہے یہ فلم گلشن نندا کے ناول پر مبنی تھی۔

بھنور(۱۹۷۶):
بالی ووڈ کی ایک ہندی فلم ہے گلشن نندا کے ناول پر مبنی ہے اور انھوں نے ہی اسکرین پلے بھی لکھا ہے۔

آزاد(۱۹۷۸):
یہ بالی ووڈ ایکشن تھرلر فلم ہے۔ تحریر سچن بھومک، گلشن نندا احسان رضوی وغیرہ کی ہے۔

بڑے دل والا(۱۹۸۳):
بالی ووڈ کی ہندی زبان کی ایکشن کرائم ڈرامہ فلم ہے۔ گلشن نندا(کہانی)، سی جے پاوری(اسکرین پلے)، ڈاکٹر راہی معصوم رضا(مکالمے) نے لکھے۔

بندیا چمکے گی (۱۹۸۴):

بالی ووڈ ایک ہندوستانی ہندی فلم ہے جسے گلشن نندا نے تحریر کیا تھا۔

بادل (۱۹۸۵):

بالی ووڈ کی ہندوستانی ہندی زبان کی ڈرامہ فلم جس میں۔ مکالمے گلشن نندا-اسکرین پلے، موتی ساگر نے لکھے ہیں۔

نذرانہ (۱۹۸۷):

بالی ووڈ کی ایک ہندوستانی ڈرامہ فلم ہے، اس میں بجے کول کا اسکرین پلے گلشن نندا کی کہانی ہے۔

اردو ناولوں پر مبنی فلمیں

'گرم ہوا یہ 'معروف ادیبہ عصمت چغتائی کے ناول گرم ہوا پر مبنی ہے۔

انسان اور گدھا۱۹۷۳:

فلم کا مرکزی خیال کرشن چندر کے ناول 'گدھے کی سرگزشت' سے لیا گیا تھا۔

امراؤ جان ۱۹۷۲، ۱۹۸۱, ۲۰۰۶ ۲۰۰۳ امراؤ جان ادا (اردو: اُمراؤ جان ادا) مرزا ہادی رسوا (۱۸۵۷-۱۹۳۱) کے ایک اردو ناول پر مبنی فلم ہے، موافقت: مہندی (۱۹۵۸)، امراؤ جان ادا (۱۹۷۲ فلم)، ایک بالی ووڈ فلم۔ امراؤ جان (۲۰۰۶ فلم)، ایک بالی ووڈ فلم۔

انارکلی / مغل اعظم (۱۹۶۰)۔ سید امتیاز علی تاج (۱۹۰۰-۱۹۷۰) ایک ڈرامہ نگار تھے جو چچا چھکن جیسے لافانی کردار کے خالق تھے جنھوں نے اردو میں انارکلی ڈرامہ لکھا۔ انھیں ان کے ۱۹۲۲ کے ڈرامے انارکلی کے لیے یاد کیا جاتا ہے، جو انارکلی کی زندگی پر مبنی

ہے، جسے سیکڑوں مرتبہ اسٹیج کیا گیا تھا اور اسے ہندوستان اور پاکستان میں فیچر فلموں کے لیے ڈھالا گیا تھا، جس میں ہندوستانی فلم مغل اعظم (۱۹۶۰) بھی شامل تھی۔

کاماسوترا (۱۹۹۶) اس فلم کو میرا نائر نے مشترکہ طور پر لکھا اور ہدایت کاری کی۔ فلم کا پہلا حصہ ہندوستانی مصنفہ واجدہ تبسم کی اردو میں ایک مختصر کہانی 'اترن' (Hand Me Downs) پر مبنی ہے۔

متفرق ناول نگاروں کے ناولوں پر مبنی فلمیں

چترلیکھا (۱۹۴۱، ۱۹۶۴) یہ فلم بھگوتی چرن ورما کے لکھے ہوئے ہندی ناول چترلیکھا پر مبنی ہے۔

بہو کی آواز (۱۹۸۵) یہ فلم ویدپرکاش شرما کے ناول 'بہو مانگے انصاف' پر مبنی ہے۔

تمس (۱۹۸۸) یہ بھیشم ساہنی کی ۱۹۷۵ کی ساہتیہ اکادمی ایوارڈ یافتہ کتاب، تمس پر مبنی ہے۔

محلہ آسی (۲۰۱۸) محلہ آسی ایک ۲۰۱۸ کی بالی ووڈ فلم ہے۔ یہ فلم کاشی ناتھ سنگھ کے ۲۰۰۴ کے ہندی ناول کاشی کا آسی پر مبنی ہے۔

دیوداس ۱۹۵۰، ۲۰۰۲۔ فلم دیوداس بنگالی ناول نگار سرت چندر چٹوپادھیائے کے لکھے ہوئے ناول پر مبنی ہے۔

پرینیتا (۲۰۰۴) فلم پرینیتا بنگالی ناول نگار سرت چندر چٹوپادھیائے کے لکھے گئے ناول پر مبنی ہے۔

صاحب، بیوی اور غلام (۱۹۶۲) بالی ووڈ کی فلم 'صاحب، بیوی اور غلام' بنگالی مصنف بمل مترا کی لکھی ہوئی 'صاحب، بیوی اور غلام' پر مبنی ہے۔

فلم گائیڈ۔(۱۹۶۵) مصنف آر کے نارائن (مالگوڈی ڈیز فیم) کے لکھے گئے ناول پر مبنی فلم ہے۔

فلم داغ ایک انگریزی ناول نگار تھامس ہارڈی کے لکھے ہوئے ناول 'دی میئر آف کاسٹر برج' پر مبنی فلم ہے۔

فلم جنون (۱۹۷۸) رسکن بانڈ کے ناول 'اے فلائٹ آف دی پیجنز' پر مبنی فلم ہے۔

فلم پنجر امرتا پریتم کے لکھے گئے ناول 'پنجر' پر مبنی فلم ہے۔

فلم تھری ایڈیٹس چیتن بھگت کے لکھے گئے ناول '۵ پوائنٹ سمون' پر مبنی فلم ہے۔

فلم کائی پوچے۔ چیتن بھگت کے ناول 'دی تھری میسٹیکس آف مائی لائف' پر مبنی فلم ہے۔

فلم تیرے میرے سپنے اے جے کرونین کے لکھے ہوئے ناول 'دی سیٹاڈل' پر مبنی فلم ہے۔

فلم ہیلو، چیتن بھگت کے لکھے ہوئے ناول 'ون نائٹ @ دی کال سینٹر' پر مبنی فلم ہے۔

فلم عائشہ، جین آسٹن کے ناول 'ایما' پر مبنی فلم ہے۔

فلم نیم سیک ہندوستانی امریکی مصنف جھمپا لہری کے لکھے ہوئے ناول پر مبنی میرا نائر کی ہدایت کاری میں تیار فلم ہے۔

فلم بلیو امبریلا، رسکن بانڈ کے لکھے گئے ناول پر مبنی ہے جسے 'دی بلیو امبریلا' کہا جاتا ہے۔

فلم بلیک فرائیڈے، ایس حسین زیدی کے لکھے گئے ناول پر مبنی ہے۔

فلم 'ہزار چوراسی کی ماں' مہاشویتا دیوی کے ناول پر مبنی تھی۔

فلم سورج کا ساتواں گھوڑا، ڈاکٹر دھرم ویر بھارتی کے لکھے ہوئے ناول پر مبنی ہے۔

فلم رودالی، مہاشویتا دیوی کے لکھے ہوئے ناول پر مبنی ہے۔

فلم معصوم، ایک امریکی مصنف ایرچ وولف سیگل کے لکھے گئے ناول 'مین وومن اینڈ چائلڈ' پر مبنی ہے۔

فلم چھوٹی بہو، سرت چندر چٹوپادھیائے کے لکھے ہوئے بنگالی ناول 'بندور چھلے' پر مبنی ہے۔

فلم چھوکھربالی، رابندرناتھ ٹیگور کے لکھے ہوئے ناول پر مبنی ہے۔

فلم موسم، اسکاٹش ناول نگار اے جے کے لکھے ہوئے ناول 'دی جوڈاس ٹری' پر مبنی ہے۔

فلم اپنے پرائے، بنگالی ناول نگار سرت چندر چٹوپادھیائے کے ناول 'نشکرتی' پر مبنی ہے۔

فلم 'لٹیرا' (۱۹۰۷) اوہنری کے لکھے گئے ناول 'دی لاسٹ لیف' پر مبنی ہے۔

فلم '۲ اسٹیٹس' یہ چیتن بھگت کے ناول '۲ سٹیٹس' پر مبنی ہے۔

سات خون معاف، رسکن بانڈ کے ناول 'سوزانا کے سات شوہر' کو وشال بھاردواج کی بالی ووڈ فلم' کے روپ میں پیش کیا ہے۔

سانوریہ، سنجے لیلا بھنسالی کی طرف سے خوبصورتی سے تصویر کی گئی جادوئی کہانی ہے۔ یہ کہانی فیوڈور دوستوفسکی کی مختصر کہانی 'وائٹ نائٹس' سے متاثر ہے۔

تیرے میرے سپنے (۱۹۷۱) تیرے میرے سپنے (۱۹۷۱) وجے آنند (دیو آنند کے بھائی) کی لکھی اور ہدایت کاری میں دیو آنند کی پروڈیوس کردہ فلم ہے، کرونن کا 'دی سیٹاڈل، طبی اخلاقیات کے متنازعہ موضوع پر گھومنے والا ایک ناول ہے۔

ارتھ (۱۹۹۸) دیپا مہتا کی یہ فلم 'ارتھ' تقسیم ہند کی ہولناک واقعات کے گرد بنائی گئی بپسی سدھوا کے ناول 'کریکنگ انڈیا' پر مبنی یہ فلم ہے۔

زبان و ادب کے ناولوں پر مبنی فلموں کے تاریخی پس منظر اور زمانہ حال کے منظر نامے کا تفصیلی مطالعہ کرنے پر اس بات کا ادراک ہوتا ہے کہ اردو ادب جتنا فنی طور پر زرخیز، دلچسپ اور تخلیقیت کے جوہر سے مالامال ہونے کے باوجود فلمی دنیا میں اپنا لوہا منوانے میں دیگر زبانوں کی بہ نسبت یکسر ناکام نظر آتا ہے۔

***

ستیہ جیت پال رے اور ان کی فلمیں

منتظر قائمی

ستیہ جیت رے ایک فلم ساز ہی نہیں تھے بلکہ ایک اعلیٰ پائے کے مصور، خاکہ نگار (اسکیچر)، قلم کار، ڈیزائنر اور موسیقار تھے جن کی شخصیت اور فن دونوں پر گرودیو رابیندر ناتھ ٹیگور کا نمایاں اثر دیکھنے کو ملتا ہے۔ عظیم ہستیوں کی ایک خوبی یہ بھی ہوتی ہے کہ وہ اکثر روایت سے انحراف کرتی ہوئی دکھائی دیتی ہیں۔ کچھ ایسا ہی ستیہ جیت رے کے ساتھ بھی پیش آیا ادب ہو یا کہ سنیما دونوں ہی میں انھوں نے اپنے لیے ایک الگ راہ اور منزل کا تعین کیا۔ ہر چند کہ یہ راستہ دشوار گزار تھا لیکن وہ کامیاب و کامران رہے اور سنیما کی مروجہ روایت اور مزاج کو وہ اپنی مرضی اور مزاج تک لے کر آئے۔ ایسا نہیں ہے کہ ان کو ہالی ووڈ فلموں کے اسٹائل، مواد، مضمون اور مزاج سے ناواقفیت تھی بلکہ انھوں نے ہالی ووڈ فلموں کا بہت گہرا مطالعہ کیا۔ ایک انٹرویو میں انھوں نے یہ انکشاف کیا کہ وہ کیمرے کے ذریعے کسی شے کی پیش کش سے بھانپ لیتے تھے کہ وہ کس اسٹوڈیو کی بنی ہوئی فلم ہے۔ سنیما سازی یا فلم سازی میں رے نے موضوع، مسائل یا مواد کو اپنے انداز میں پردے پر پیش کیا جس کے لیے ایک طرف ان کی تعریف و توصیف کے پل باندھے جاتے ہیں تو دوسری طرف ان پر یہ الزام بھی تراشا جاتا ہے کہ انھوں نے ہندوستان کی غربت و افلاس کو بین الاقوامی پلیٹ فارم پر نیلام کیا ہے۔ اس امر کے عوض انھیں مجموعی

خدمات کے بطور 'آسکر ایوارڈ' سے سرفراز کیا گیا۔ یہ بھی ایک جلی حقیقت ہے کہ مجموعی خدمات کا آسکر اعزاز ستیہ جیت رے کے علاوہ آج تک کسی دوسرے ہدایت کار کے حصے میں نہیں آیا۔

ستیہ جیت رے کی پیدائش ۲ مئی ۱۹۲۱ کو کولکاتا (کلکتہ) میں ہوئی اور ۲۳ اپریل ۱۹۹۲ کو ان کی رحلت ہوئی۔ سنیما پر ان کے نقوش اتنے گہرے اور دیرپا ہیں کہ کسی نہ کسی موڑ پر ہر ہدایت کار ان کی فلموں سے فیضان حاصل کرتا ہے۔ ان کا فلمی سفر 'پاتھیر پانچالی' (نغمۂ راہ) ۱۹۵۵ سے شروع ہوتا ہے اور 'آگنتک' (اجنبی) ۱۹۹۱ پر ختم ہو جاتا ہے۔ اس دوران انھوں نے چھوٹی بڑی کل ملا کر تقریباً چالیس فلمیں بنائیں جس میں بیش تر کسی نہ کسی کہانی، ناول یا افسانے پر مبنی ہے۔ انھوں نے بنگلہ زبان کے عالمی شہرت یافتہ اور ہندوستان کے اکلوتے نوبل انعام یافتہ ادیب گرو جی ربیندر ناتھ ٹیگور سے لے کر بی بھوتی بھوشن بندھو پادھیائے، تارا شنکر بندو پادھیائے اور سنیل گانگولی وغیرہ کی کہانیوں پر فلم بنائی۔ ستیہ جیت رے محض ایک بہترین فلم ساز ہی نہیں تھے بلکہ وہ ایک بہترین کہانی کار بھی تھے اس لیے انھوں نے اپنی لکھی ہوئی کہانیوں پر بھی فلمیں بنائیں جن میں ان کا ناول 'جے بابا فیلو ناتھ' (فیل دیو) اور 'سونار کیلا' (سنہرا جنگل) بھی شامل ہے۔ اس کے علاوہ منشی پریم چند کے دو افسانے 'سدگتی' اور 'شطرنج کی بازی' پر بھی ستیہ جیت رے نے بہترین فلم بنائی۔

ایک اعلیٰ پائے کے ہدایت کار کے متعلق کہا جاتا ہے کہ اس کے اندر بہ یک وقت کئی خوبیاں ہونی چاہیے۔ وہ کہانی، ادب، شعر و شاعری، رقص و موسیقی، زیبائش و آرائش، زبان و بیان اور تخلیقی وجدان جیسی صلاحیتوں کا متحمل ہو اسی لیے اسے بعض معنوں میں جہاز کا کپتان یا کسی ٹیم کا لیڈر کہا جاتا ہے۔ ستیہ جیت رے میں یہ خوبیاں تھیں

وہ کہانی کار اور موسیقار دونوں ہی تھے جو اپنی فلموں کے لیے اکثر کہانی بھی لکھ لیتے تھے اور خود ہی میوزک کمپوز کر لیتے تھے اس کے علاوہ کرداروں کا لباس، پوشاک اور سیٹ بھی اپنے خاکوں کے ذریعے بنا لیتے تھے پھر ان کو اپنی وضع کردہ وضع قطع میں سلوا کر کرداروں کو زیب تن کراتے تھے۔ کسی بھی سین، میوزک، سیٹ، لوکیشن اور کاسٹیوم کو لے کر کبھی وہ پریشان نہیں ہوتے تھے۔ فلم سازی کا ہر پہلو ان کے دماغ میں بہت واضح رہتا تھا جس سے وہ کسی بھی قسم کے اشکال کا شکار نہیں ہوتے تھے۔ ایک فن کار یا آرٹسٹ سے وہ کیسی ایکٹنگ کے طلبگار رہتے تھے وہ اداکار یا کردار کے اندر سے نکلوا لیتے تھے۔ کہیں بھی سمجھوتہ نہیں کرتے تھے بلکہ وہ اپنے معیار میں بہترین کا قائل ہوتے تھے۔ وہ کوئی کمرشیل فلم ساز بھی نہیں تھے کہ فلموں کو ذریعہ معاش سمجھ کر اس کاروبارِ سود وزیاں میں اپنی قسمت آزمارہے ہوں۔ ایسی فلمیں جنھیں عرفِ عام میں مصالحہ دار اور کمرشیل کہا جاتا ہے اور جن میں میلوڈرامائی کیفیت ہو وہ نہیں بناتے تھے اس لیے ان کی فلموں کے ناظرین بھی عام اور سوقیانہ قسم کے ناظرین نہیں ہوتے تھے۔ ان کی زیادہ تر فلمیں باکس آفس پر سینمائی ناظرین کو متاثر نہیں کرتی تھیں البتہ ان کی فلموں کو ہمیشہ سنجیدہ ناظرین کی تلاش رہا کرتی تھی۔ عام ناظرین فلم میں تفریح کے متلاشی ہوتے ہیں لہٰذا ان کو اگر زندگی کی حقیقتوں سے روبرو کرایا جائے تو ان کی طبیعت اُچاٹ ہونے لگتی ہے کیونکہ ان کی اپنی زندگی خود ہی بہت سی مشکلوں اور پریشانیوں سے دوچار رہتی ہے۔ 'پاتھیر پانچالی' اور 'اپراجیتو' دونوں ہی فلمیں باکس آفس پر ناکام رہیں کیونکہ ان میں زندگی کا تلخ حقیقتوں سے سامنا تھا لیکن غیر ملکی فلمی میلوں یا نمائشوں میں ان فلموں کو اعزازات سے نوازا گیا۔

زمیندارانہ نظام یا جاگیردارانہ نظام کے خاتمے نے اس طبقے کو بہت کسمپرسی اور دشواریوں میں ڈال دیا۔ اس طبقے میں جہاں اور بہت سی خرابیاں رائج تھیں وہیں کچھ

خوبیاں یہ تھیں کہ انھوں نے کچھ فنی روایات اور وراثت کو سنبھال کر رکھا ہوا تھا مگر جب خود کے جینے کے لالے پڑ گئے تو منجملہ فنون کا کیا خیال رکھتے۔ 'جلسہ گھر' (موسیقی خانہ) ۱۹۵۸ میں وہ بنگالی زمیندارانہ طبقے کی زوال آمادگی کا ماتم کرتے ہوئے دکھائی دیتے ہیں جہاں جاگیردار طبقہ اپنی روایت اور وراثت کو سینے سے لگائے ہوئے ہے۔ وقت، حالات اور زمانے کی تبدیلی نے ان کی شان و شوکت اور جاہ و حشم چھین لیا ہے۔ معاشی حالات کافی بگڑ چکے ہیں مگر وہ اب بھی جاگیردارانہ جاہ و حشم اور دیرینہ تزک و احتشام میں سانس لے رہے ہیں اور احساس برتری میں مبتلا ہیں۔ ان کے مشاغل، سامانِ تفریح اور فنون لطیفہ بھی اسی زوال آمادگی کا شکار ہو گئے۔ 'شطرنج کے کھلاڑی' ایک ایسی فلم ہے جس کے ذریعے ستیہ جیت رے نے پہلی مرتبہ بنگالی تہذیب و تمدن سے الگ ہٹ کر کسی دوسرے تمدن کی عکس بندی کی اور اس بات کا ثبوت فراہم کیا کہ تہذیب و تمدن، ثقافت، معاشرہ اور اس کے عروج و زوال کو دیکھنے اور سمجھنے کا ان کا طریقہ تاریخ نویسوں سے بالکل الگ ہے۔ وہ کسی ایک خاص فریم میں بندھے ہوئے انسان نہیں تھے بلکہ ان کی فلموں کی کہانیوں پر غور کرتے وقت یہ احساس ہوتا ہے کہ ان کے موضوعات میں بڑا تنوع ہے۔ ویسے تو ستیہ جیت رے کی فلموں میں موسیقی کا بہت اہم رول ہے اور وہ فلم کی کہانی کے موڈ اور مزاج کے لحاظ سے بیک گراؤنڈ یا فور گراؤنڈ یعنی پس منظر یا پیش منظر کے لیے موسیقی کا انتخاب کرتے ہیں۔

دوردرشن کو دیے ایک انٹرویو سے یہ بات سامنے آئی کہ وہ دیہی یا گاؤں کی کہانی میں فوک میوزک کا استعمال کرتے ہیں جس میں ہندوستانی طرز کے موسیقی کے آلات استعمال کرتے ہیں جیسے ستار، سرود، مردنگ، طبلہ، بانسری، شہنائی وغیرہ جبکہ کہانی اگر قصباتی، شہری یا عروس البلادی ہے تو اس میں شہری میوزک کا استعمال ہوتا ہے۔ وہ یہ بھی

کہتے ہیں میں شہری پس منظر کی کہانیوں میں اول تو بہت مختصر میوزک کا استعمال کرتا ہوں یا اگر کرتا بھی ہوں تو اصل ساؤنڈ، صوت یا آہنگ کا استعمال کرتا ہوں جس سے پس منظر کی موسیقی کی ضرورت پوری ہو جاتی ہے۔

'پاتھیر پانچالی' (۱۹۵۵) یعنی چھوٹی سڑک کا نغمہ فلم سے انھوں نے اپنی سینمائی زندگی کے سفر کا آغاز کیا جس کی کہانی بنگلہ زبان کے معروف ناول نگار بی بھوتی بھوشن بندھو پادھیائے کے ناول 'پاتھیر پانچالی' پر مبنی ہے۔ اس فلم سے متعلق ستیہ جیت رے کا کہنا ہے کہ انھوں نے جب اس فلم کی اسکرپٹ پر کام کیا تو انھیں بہت زیادہ زحمت نہیں ہوئی کیونکہ ناول کی زبان ہی ایسی تھی جس کو فلمی میڈیم میں کہانی سنانے کے لیے بہت زیادہ تبدیل کرنے کی ضرورت نہیں تھی۔ یہ کہانی بنگال کی دیہی زندگی کے غربت و افلاس کا بڑا ہی دردناک منظر پیش کرتی ہے جہاں اونچی ذات کے کسان ہری ہر کو معاشی تنگی کے سبب کنبے کی پرورش میں بڑی دقت پیش آتی ہے۔ فلم میں ہری ہر کی بیٹی درگا کے انتقال کے بعد یہ کنبہ بنارس کوچ کر جاتا ہے۔ اسی طرح 'اپراجیتو' (۱۹۵۶) بھی معروف ناول نگار بی بھوتی بھوشن بندھو پادھیائے کے ناول پر مبنی ہے جو کہ پاتھیر پانچالی کا دوسرا حصہ ہے۔ یہ فلم بھی بنگال کی دیہی زندگی کا منظر نامہ پیش کرتی ہے۔ یہاں بھی وہی معاشی تنگی پیش کی گئی ہے جس میں ہری ہر کا بھی انتقال ہو جاتا ہے اور اس کی بیوی یعنی سار باجیا اپنے بیٹے اپّو کو لے کر واپس بنگال کے ایک گاؤں آجاتی ہے۔ اس سلسلے کی تیسری کڑی 'اپور سنسار' یعنی اپّو کی دنیا ہے جو کہ ناول 'اپراجیتو' کے بقیہ نصف حصے پر مبنی ہے جہاں اپو ایک قلم کار بننے کے فراق میں ہے۔

ستیہ جیت کا خاندان بڑا ہی تخلیقی اور فنی ذہن رکھتا ہے ان کے دادا ایک ماہر موسیقی داں تھے حالانکہ جب وہ محض ڈھائی برس کے تھے اسی وقت دادا جان کا انتقال ہو گیا اور

ان کے والد کا بھی بچپن کے ایام میں انتقال ہو گیا۔ ستیہ جیت رے کے دادا بچوں کے لیے رسالہ نکالتے تھے اور ان کا پرنٹنگ پریس کا کاروبار تھا جس کو انھیں والد کے انتقال کے بعد چھوڑنا پڑا کیونکہ اس وقت ان کا کنبہ بھوانی پور میں رہ رہا تھا مگر والد کے انتقال کے بعد ماں کے ساتھ وہ اپنے ماموں کے یہاں مقیم ہوئے جہاں ان کی ماں کو بڑی مشقت کرنی پڑتی تھی۔ ماں کڑھائی، دستکاری کے ذریعے ستیہ جیت کی پرورش کرتی تھیں لیکن وہ کئی خوبیوں کی مالک تھیں وہ موسیقی کے فن میں بھی طاق تھیں۔ ستیہ جیت رے کی چچی ایک مقبول گلوکارہ تھیں جن کے ذریعے رے کی کئی میوزک اسٹوڈیو تک رسائی ہوئی جن میں ایچ ایم وی اور کولمبیا جیسی میوزک کمپنیاں شامل ہیں۔ رے بچپن سے ہی ڈرائنگ (Drawing) اور اسکیچنگ (Sketching) کرنے لگے تھے جو آگے چل کر ان کی فلمی زندگی میں بڑے ہی معاون فن ثابت ہوئے۔ ستیہ جیت رے پینٹنگ یا مصوری میں بھی بڑی مہارت رکھتے تھے حالانکہ انھوں نے اس کے لیے کہیں کوئی ٹریننگ یا تربیت حاصل نہیں کی تھی۔ ستیہ جیت رے ایک بہترین تخلیق کار بھی تھے انھوں نے فکشن کے تحت بہت سی کہانیاں لکھیں اور بچوں کی میگزین کے لیے بھی کہانیاں لکھتے تھے جس کو بعد میں متعدد زبانوں میں ترجمہ بھی کیا گیا۔ ان کی مصوری میں ٹیگور کے شانتی نیکیتن کا رول رہا ہے جہاں ان کو مصوری، اسکیچنگ اور ڈرائنگ کے لیے ایک معقول اور سازگار فضا میسر ہوئی اور ان کا فن باریکیوں کی بلندی پر پہنچ گیا۔

وہ ایک خود ساختہ مصور اور خاکہ نگار کے ساتھ ساتھ ایک خود ساختہ فلم ہدایت کار بھی تھے۔ فلم سازی کی تربیت کے لیے بھی انھوں نے کسی اسکول یا فلمی ادارے کا رخ نہیں کیا بلکہ امریکی فلمیں دیکھ کر انھوں نے فلم سازی کا کرافٹ یعنی اس کی بُنت یا تانا بانا سیکھا۔ ان کے متعلق یہ کہا جاتا ہے کہ ستیہ جیت رے اتنے ماہر تھے کہ وہ فلم کو دیکھ کر یہ

بتا دیتے تھے کہ فلم کو کس اسٹوڈیو نے بنایا ہے کیونکہ انھوں نے نامی گرامی اسٹوڈیو کے خصائص اور باریکیوں تک رسائی حاصل کر لی تھی جن سے فلموں کو پہچانا جاسکتا ہے۔ ان کو لوگ پیار سے مانک دا پکارتے تھے۔ سر رچرڈ نے مانک دا کے متعلق بیان کیا ہے کہ ستیہ جیت رے کے متعلق ایک بات جو امتیازی ہے وہ یہ ہے کہ فلم میکنگ کے اتنے سارے کام خود انجام دیتے ہیں جسے الگ الگ شعبہ ہائے فن کے ماہرین انجام دیتے ہیں۔ وہ خود ہی اسکرین پلے لکھتے ہیں، خود ہی میوزک کمپوز کرتے ہیں اور خود ہی ہدایتکاری بھی کر دیتے ہیں اور کیمرہ بھی خود ہی آپریٹ کر لیتے ہیں۔ سیٹ پر روشنی کیسی ہوگی اس میں بھی ان کا اہم رول ہوگا۔ چارلی چیپلن کی طرح وہ خود ہی اپنی فلم کو ایڈٹ بھی کر لیتے تھے۔

بہت کم لوگوں کے علم میں یہ بات ہے کہ ستیہ جیت رے ایک کہانی کار بھی تھے اور انھوں نے کہانیاں بھی خوب لکھیں۔ وہ ایک ایسے قلم کار تھے جو اپنے چہار جانب ہونے والے زمیندارانہ، سیاسی، سماجی اور مذہبی ناانصافیوں سے بخوبی واقف تھے جس کو انھوں نے نہ صرف یہ کہ اپنی کہانیوں کا موضوع بنایا بلکہ فلموں میں بھی اس قسم کے موضوعات کو برتا جس کے لیے ان کو معتوب بھی ٹھہرایا گیا مگر وہ ان سے ذرہ برابر بھی خوف زدہ نہیں ہوئے بلکہ وہ بڑی مضبوطی سے اپنے موقف پر قائم رہے۔ سنیما میں وہ ادب کے مانند استعارے اور علامتوں کا بخوبی استعمال کرتے تھے۔ فلم 'اِنر آئی' جو کہ شانتی نیکیتن میں آرٹ کے پروفیسر بینود بہاری مکھوپادھیایائے کی سوانح پر مبنی ہے۔ بینود بہاری ایک نابینا شخص ہیں جن کی ایک آنکھ پیدائش سے ہی خراب تھی البتہ دوسری آنکھ ترپن برس کی عمر میں موتیابند کے سبب خراب ہوگئی مگر آرٹ نے ان کی زندگی میں روشنی برقرار رکھی۔ یہ فلم ہمیں انگریزی زبان کے شاعر جان ملٹن کی یاد دلاتی ہے جنھیں اپنی آنکھوں کی بینائی سے محرومی نے بڑی ہی مایوسی میں ڈال دیا تھا لیکن ملٹن نے اپنے دل یا روح کی

آنکھ کے ذریعے دنیا کے سربستہ راز کو سمجھنے اور سمجھانے کی کوشش کی ہے۔ کچھ اسی قسم کا پیغام ہم ستیہ جیت رے کی اس فلم میں بھی محسوس کرتے ہیں۔

گرودیو رابیندر ناتھ ٹیگور کی شخصیت سے متاثر ہو کر انھوں نے 'رابیندر ناتھ ٹیگور' پر ایک فلم بنا کر ایک عظیم علمی اور عبقری شخصیت کو بڑے ہی موثر انداز میں ادبی خراج پیش کیا ہے۔ بہت سے لوگوں کی طرح ستیہ جیت رے بھی ان کے پرستاروں میں شامل ہیں۔ فلم میں ان کی زندگی کے بہت سے ایسے پہلوؤں کی طرف اشارے اور وضاحت کی گئی ہے جن کو ستیہ جیت رے اگر نہ اجاگر کرتے تو دنیا کو ٹیگور کی عظمت کے نقوش کا پتہ ہی نہ چلتا۔ ٹیگور کی پیدائش کے سو برس مکمل ہونے کے موقعے پر 'تین کنّیا' (تین بیٹیاں، ۱۹۶۱) فلم بنائی جو رابیندر ناتھ ٹیگور کے افسانے 'پوسٹ ماسٹر'، 'مونی ہارا' (گمشدہ زیور) اور 'سماپتی' (اختتام) پر مبنی ہے۔ ان تینوں کہانیوں کے متعلق ستیہ جیت رے نے ایک انٹرویو میں بتایا تھا کہ وہ گرودیو کی شخصیت اور ان کی تخلیقات سے بے حد متاثر تھے اس لیے انھوں نے ٹیگور نام سے فلم بنانے کے ساتھ 'تین کنّیا' بنا کر ان کو اپنی جانب سے ذاتی طور پر خراج عقیدت پیش کیا ہے۔

ادب، تہذیب اور ثقافت کا مطالعہ کرنے والوں کو ستیہ جیت رے کی فلمیں تاریخ، جاگیر داری، ترقی پسندی اور جمہوریت کا علامتی بیانیہ معلوم ہو گا۔ 'جلسہ گھر' سے لے کر 'شطرنج کے کھلاڑی' تک میں جاگیر دارانہ تہذیب اور اس کے اجڑنے اور مٹنے کا ایک بڑا ہی دل سوز منظر پیش کیا گیا ہے۔ جس میں طبقہء اشرافیہ اپنے زوال پذیر اقدار سے لپٹے رہنا چاہتا ہے جبکہ تبدیلی یا انقلاب ان کی دہلیز پر دستک دے رہا ہے جس سے اشرافیہ طبقے کے نبرد آزما ہونے کی سکت معدوم ہو چلی ہے۔ 'جلسہ گھر' (موسیقی خانہ) بنگلہ زبان کے معروف کہانی کار تاراشنکر بندھوپادھیائے کے افسانے پر مبنی ہے جو کہ اسی نام سے بنگلہ

زبان میں مشہور ہے جبکہ 'شطرنج کے کھلاڑی' پریم چند کے معروف افسانے 'شطرنج کی بازی' پر مبنی ہے اور دونوں کے موضوعات میں ایک نقطے پر یکسانیت معلوم ہوتی ہے۔ دونوں ہی فلموں میں تاریخ اور سیاست کی زیریں لہریں بھی محسوس کی جاسکتی ہیں جن پر سوال کیا گیا ہے اور دونوں ہی ہمیں کہیں نہ کہیں غور و فکر کرنے پر مجبور کرتی ہیں کہ بدلتے ہوئے حالات میں آخر وقت کی نبض پر ہمارا بس نہیں تھا۔ Satyajit Ray: The Inner Eye کے مصنف اینڈریو رابنسن (Andrew Robinson) نے اپنی کتاب میں کہا ہے کہ ستیہ جیت رے کی فلمیں سنیما کا بیش قیمتی خزانہ ہیں جنھیں ہر کوئی بڑی دلچسپی سے دیکھتا ہے۔ سومترا چٹوپادھیائے جنھوں نے ستیہ جیت رے کی تقریباً چودہ بڑی فلموں میں اداکاری کی ہے ان کا کہنا ہے کہ ایک وقت ایسا آئے گا جب لوگ ستیہ جیت رے کی فلمیں نئی روشنی یا نئے سیاق میں دیکھیں گے اور آپ کو ان کی فلموں میں انسانی اقدار کی فتح مندی نظر آئے گی۔ ایسا نہیں ہے کہ رے کا کوئی سیاسی موقف نہیں تھا بلکہ وہ اپنا ایک سیاسی اور سماجی موقف رکھتے تھے البتہ انھوں نے اپنے سیاسی موقف کو فن یا آرٹ پر ترجیح نہیں دی۔

پنڈت روی شنکر نے ان کی بہت سی فلموں کے لیے سین اور سیچویشن کے لحاظ سے میوزک کمپوز کیا جن میں 'پاتھیر پانچالی'، 'اپراجیتو'، 'پارش پاتھر' اور 'اپور سنسار' جیسی فلمیں شامل ہیں۔ اس کے علاوہ استاد اکبر علی خان، ولایت خان جیسے مایہ ناز موسیقاروں سے بھی اپنی فلموں کے لیے میوزک کمپوز کرائی۔ موسیقی میں ستیہ جیت کی مہارت کا اندازہ اس بات سے لگایا جا سکتا ہے کہ کنچن جنگا، ابھیجان، مہانگر، چارولتا، کاپُروش و مہاپُروش، نائک، چڑیاخانہ، پرتی دوندی، گوپی گیئنے باگا بئینے، سکم، بالا، شطرنج کے کھلاڑی، جئے بابا فیلوناتھ، سدگتی، گھر بائرے، گن شترو اور آخری فلم 'آگنتک' تک میں انھوں نے

خود ہی میوزک کمپوز کیا۔ان کی اس مہارت پر پنڈت روی شنکر نے ایک جگہ انٹرویو میں کہا کہ ستیہ جیت رے کو ہندوستانی کلاسکی موسیقی کی سمجھ اتنی ہی تھی جتنا کہ وہ مغربی کلاسکی موسیقی سے خاطر خواہ آگاہی رکھتے تھے اور وہ ایک ایسے ہدایت کار تھے جو کسی بھی حال میں سمجھوتہ نہیں کرتے تھے اور نہ ہی مجھے اپنی کمپوزیشن سے باہر جانے دیتے تھے۔

٭ ٭ ٭

تحریک آزادی اور ہماری فلمیں

انیس امروہوی

ہندوستان کی آزادی کی تحریک یوں تو ۱۸۵۷ کی جدوجہد سے ہی شروع ہوگئی تھی، مگر انگریزوں کی بڑھتی ہوئی طاقت اور چالاکیوں نے اس تحریک کو اپنے ظلم و ستم سے دَبا کر ہندوستان کو غلام بنالیا اور پورے ہندوستان پر قبضہ کرلیا۔ یہ وہ زمانہ تھا جب فوٹوگرافی کی تکنیک میں نِت نئے تجربے ہو رہے تھے اور تصویر کو متحرک بنانے کی کوششیں کی جا رہی تھیں۔ دوسرے ممالک میں پردے پر چلتی پھرتی تصویروں کو ابھارنے کی کوشش ۱۸۹۳ میں ہی کامیابی کی طرف گامزن ہوچکی تھی۔ ہمارے یہاں ہندوستان میں اپنے طور پر بھی کوششیں جاری تھیں۔

اس زمانے میں ہندوستان میں اِس طرح کی کئی کتابیں شائع ہوئیں، جن میں تمام صفحات پر ایک جیسی تصویریں چھپی تھیں، مگر ہر تصویر پچھلی تصویر سے تھوڑی سی مختلف تھی۔ جب اس کتاب کے صفحات کو تیزی سے الٹا جاتا تو ایسا لگتا تھا جیسے اس کتاب میں چھپی تصویر متحرک ہوا ٹھی ہو۔

پہلے پہل ۱۸۹۶ میں ہندوستان کے شہر بمبئ میں بیرون ممالک سے چھوٹی چھوٹی خاموش فلموں کی آمد شروع ہوئی اور ۷جولائی ۱۸۹۶ کو لمونیئر برادرس نے بمبئ کے واٹسن ہوٹل میں 'میجک لائٹس' کے نام سے ایک چھوٹی سی فلم کی نمائش کی۔ اس طرح کی

فلموں کو عوام نے اور تھیئٹر کے مالکوں نے بہت پسند کیا۔ طویل فیچر فلموں کے سلسلے کو ہندوستان میں شروع کرنے کا سہرا داداصاحب پھالکے کو جاتا ہے۔ انھوں نے 'لائف آف کرائسٹ' نام کی فلم سے متاثر ہو کر بڑی جد وجہد سے فلم 'راجہ ہریش چندر' کو ہندوستان میں تیار کیا اور ۱۹۱۳ میں اس خاموش فلم کی نمائش کی۔ اس طرح ہندوستان میں خاموش فلموں کا سفر شروع ہو گیا۔ حالانکہ ۱۹۰۰ میں گرودیو رابندر ناتھ ٹیگور نے گراموفون پر پہلی بار خود اپنی ہی آواز میں... "بندے ماترم..." گانا ریکارڈ کرایا تھا، مگر ۱۹۳۱ میں ہندوستانی فلموں کو بھی بولنا آ گیا اور آرڈیشر ایرانی نے ہندوستان کی پہلی بولتی فلم 'عالم آرا' کی نمائش کی۔ یہی وہ دَور تھا جب ہندوستان میں جنگِ آزادی کی تحریک بھی زوروں پر تھی۔

۱۸۸۵ میں انڈین نیشنل کانگریس کا قیام عمل میں آیا تھا۔ ہندوستان کے نوجوان، آزادی کے متوالے پوری طرح انگریزوں کو ہندوستان سے بھگا دینے کا فیصلہ کر چکے تھے اور گاندھی جی کی قیادت میں مکمل آزادی کی قرارداد پاس ہو چکی تھی۔ مگر ایسے وقت میں بھی ہماری فلموں میں آزادی کی تحریک کے اثرات کم دکھائی دیتے ہیں۔ اس کی کئی وجوہات ہیں۔ ایک تو انگریز حکومت کی قائم کردہ پابندیاں اور ظلم وستم، جس کی وجہ سے کوئی بھی فلمساز ایسے موضوع کو اپنانے سے اپنا دامن بچاتا تھا، جس سے انگریز حکومت کے غضب کا شکار ہونے کا خطرہ لاحق ہو۔

دوسرے برٹش حکومت نے ۱۹۲۲ میں پریس سنسر شپ قائم کیا اور اس کے دائرہ کار میں ہندوستانی سینما کو بھی جکڑ لیا۔ جس کی وجہ سے اگر کوئی فلمساز تحریک آزادی کو موضوع بنا کر فلم بنا بھی لیتا تو اس کی نمائش پر پابندی لگ سکتی تھی۔ ایک اور خاص وجہ یہ بھی کہ اس وقت تک ہندوستانی فلموں کا مزاج صرف دیومالائی یا جادوئی کہانیوں تک

محدود تھا، اور لوگ اسی کو پسند کرتے تھے۔

خاموش فلموں کے دَور میں بھی بمبئی میں کئی لوگوں نے ہمت کر کے سیاسی مقاصد کو پس منظر میں رکھ کر کئی اہم فلمیں بنائیں، جو مقبول بھی ہوئیں۔ فلم 'کس کا قصور' بیوہ عورتوں کے مسائل کو لے کر بنائی گئی تھی۔ مگر اس کے علاوہ 'گوری بالا' اور 'رام رحیم' میں سیاسی تحریک کو ایک خاص انداز میں پیش کیا گیا۔ اس کے ساتھ ہی ہندوستانی قومیت کا جذبہ اور فرقہ وارانہ ہم آہنگی کے عنصر کو بھی ان فلموں میں شامل کیا گیا تھا۔ تحریک آزادی کی کامیابی اور مقبولیت کے لیے ملک میں ہندو مسلم اتحاد کی سخت ضرورت تھی اور اِسی موضوع کو مرکزی خیال بناتے ہوئے لکشمی پکچرز نے ۱۹۲۵ میں 'سورن' نام سے ایک ایسی فلم کی نمائش کی جس میں مغل تاریخ کے ایک واقعہ کے ذریعے ہندو مسلم اتحاد کا پیغام ہندوستانی عوام کو دیا تھا۔

فلم 'دی بم' میں بھی انگریزی حکومت کے خلاف بغاوت کرنے پر اکسایا گیا تھا۔ اس لیے برٹش سنسر اور بھی ہوشیار ہو گیا اور اس نے اس فلم کو بری طرح کاٹ دیا تھا۔ وی۔ شانتارام نے فلم 'اودے کال' بھی انہی دنوں میں بنائی تھی۔ اس زمانے میں کوہِ نور اسٹوڈیو میں ایک خاص قسم کی ریلی کا اہتمام کر کے بھی فلم والوں نے تحریکِ آزادی میں حصہ لیا۔ اس کے بعد ہی 'انڈین فلم ایسوسی ایشن' کا قیام عمل میں آیا تھا، اور ایک دن کی مکمل علامتی ہڑتال بھی کی گئی تھی۔

اِسی دَوران ایک اور فلم 'غصہ' کی بھی نمائش ہوئی۔ اس فلم میں ہندوستانی سماج کا پچھڑاپن دِکھایا گیا تھا اور گاندھی جی کی طرح دِکھائی دینے والا ایک کردار بھی اِس فلم میں تھا جسے مکند نام کے ایک اداکار نے ادا کیا تھا۔

۱۹۳۵-۳۶ کے آتے آتے ملک بھر میں ہندوستانی فلموں کے دیکھنے والے سنجیدہ

اور غور طلب موضوعات پر بننے والی فلموں کو دیکھنے کے لیے ذہنی طور پر تیار ہو گئے تھے۔ فلم بینوں کا یہ رویّہ دوسری جنگِ عظیم کے وقت تک اور پھر ہندوستان کی آزادی کی سنہری صبح کے آنے تک برقرار رہا۔ اِس کی خاص وجہ یہ تھی کہ زیادہ تر فلم بین متوسط طبقے کے تھے، یا پھر اونچی سوسائٹی کے لوگ تھے۔ فلمساز کے۔ سی۔ بروانے روایت سے ہٹ کر اور کھو کھلی آزادانہ روش کے درمیان پھنسے انسانوں کے درد کو فلم "منزل" اور فلم "مایا" میں بڑے ہی پر اثر انداز میں پیش کیا۔ جس نے ہمارے فلم بینوں کے ذہن و دل کو جھنجھوڑ کر رکھ دیا۔ دیو کی بوس نے فلم 'سنہر اسنسار' میں سماج کی نابرابری کے مسئلے کو پیش کیا۔ اس کے ساتھ ہی واڈیا کی فلم 'جئے بھارت'، وجئے بھٹ کی 'پاسنگ شو' اور محبوب خان کی 'ڈکن کوئن' جیسی فلمیں بھی خاصی کامیاب رہیں۔ ان فلموں میں کسی نہ کسی طور پر دیش بھکتی اور تحریک آزادی کا جذبہ چھپا ہوا تھا۔ ۱۹۴۲ میں مشہور فلمساز و ہدایت کار محبوب خان نے ہی فلم 'روٹی' کی نمائش کی، جس کے ذریعے انھوں نے ہندوستانی عوام کو یہ پیغام دیا کہ انسان کو اپنا حق مانگنے سے نہ ملے تو چھین لینا چاہیے۔ یہ فلم سامراجی نظام کے خلاف ایک بہت اثر دار ہتھیار تھی، لہٰذا انگریزی حکومت نے اس پر پابندی لگا دی۔ ہومی واڈیا کی فلم 'ویر پربھات' حالانکہ اسٹنٹ فلم تھی مگر اس میں برٹش حکومت کو جڑ سے اکھاڑ پھینکنے کی بات کو بڑے ہی پر اثر انداز اور سلیقے سے پیش کیا گیا تھا۔

۱۹۴۶ میں چیتن آنند نے فلم 'نیچا نگر' پیش کی۔ اس فلم میں انگریز حکومت کے ذریعے معصوم ہندوستانیوں پر ڈھائے گئے مظالم کی تصویر کشی بڑے خوبصورت انداز میں پیش کی گئی تھی۔ اس فلم کی کہانی اردو کے ممتاز افسانہ نگار حیات اللہ انصاری نے تحریر کی تھی اور پنڈت جواہر لعل نہرو کو یہ فلم اِس قدر پسند آئی تھی کہ ۱۹۴۷ میں جب نئی دہلی میں پہلی ایشیائی کانفرنس منعقد ہوئی تو پنڈت نہرو کی خواہش کے مطابق یہ فلم کانفرنس

کے ڈیلی گیٹس کو دِکھائی گئی۔

اس زمانے میں انگریز حکومت کی سخت سنسر شپ کی وجہ سے بہت سی باتیں سیدھے طریقے سے نہ کہہ کر موضوعات کو بدل کر بھی کہی گئیں۔ مثال کے طور پر شانتارام کی فلم 'پڑوسی' ہندو مسلم ایکتا پر بنائی گئی تھی۔ فلم میں دکھایا گیا تھا کہ ہندو اور مسلمان خاندان آپس میں مل جل کر رہتے ہیں، مگر باہری طاقتیں اپنے مقاصد حاصل کرنے کی غرض سے انھیں آپس میں لڑا دیتے ہیں۔ دوست بچھڑ جاتے ہیں، بعد میں انھیں طرح طرح کی پریشانیوں کا سامنا کرنا پڑتا ہے اور ان کے پاس صرف یادیں باقی رہ جاتی ہیں۔ ان کا دوبارہ ملن تب ہوتا ہے، جب ایک باندھ کے ٹوٹنے کی وجہ سے وہ سب موت کی آغوش میں ہوتے ہیں۔

فلم 'قسمت' بامبے ٹاکیز کی فلم تھی، جسے ایس مکھرجی کی ہدایت میں بنایا گیا تھا۔ حالانکہ یہ فلم جرائم کے واقعات پر مبنی ہلکی پھلکی مزاحیہ قسم کی فلم تھی، مگر اس فلم کا ایک گانا... 'دور ہٹو اَے دنیا والو، ہندوستان ہمارا ہے' نے بڑی شہرت حاصل کی اور تحریک آزادی کے متوالوں کو جھومنے پر مجبور کر دیا۔ اس کے ساتھ ہی حب الوطنی کا جذبہ بھی لوگوں میں بیدار ہوا۔ اس گیت کی ایک لائن... 'تم نہ کسی کے آگے جھکنا، جرمن ہو یا جاپانی' ایک طرح سے انگریزوں کی طرف ہی اشارہ تھا، اور گاندھی جی کے نعرہ 'انگریزو! بھارت چھوڑو' کی ہی ترجمانی کرتا تھا۔ ان دنوں یہ گانا ہندوستان کے بچے بچے کی زبان پر تھا، جسے کوی پردیپ نے تحریر کیا تھا۔

اِسی طرح دوسرے فلمسازوں نے بھی انگریزی سنسر بورڈ کی پریشانیوں سے بچنے کے لیے ایسی حکایت آمیز اور دیوی دیوتاؤں کی کہانیوں پر مبنی علامتی فلمیں بنائیں۔ حالانکہ ان کا مقصد لوگوں میں حب الوطنی کا جذبہ پیدا کرنا تھا۔

۱۹۴۵ سے ۱۹۴۷ تک کا وقت ہندوستانی سینما کے لیے بے حد اہم رہا ہے۔ ایسے وقت میں جب دوسری جنگ عظیم ختم ہو رہی تھی اور ہندوستان کو آزادی ملنے ہی والی تھی، ہر طرح کے فن کے میدان میں تبدیلی کی لہریں نمایاں ہونے لگی تھیں۔ ہماری فلموں نے بھی ایسے ماحول میں کروٹ لی اور کچھ لوگوں نے ہمت کر کے خاص طرح سے تحریکِ آزادی کو موضوع بنا کر فلمیں بنانے کا اِرادہ کر لیا۔ ادھر بنگال میں بھی نوجوانوں میں ایک خاص طرح کی لہر چل رہی تھی۔ تب وہاں بی۔ این سرکار نے 'ہمراہی' فلم بنائی۔ پربھات کی فلم 'ہم ایک ہیں' کی کہانی بھی پوری طرح قومی ایکتا کے دھاگے میں پروئی ہوئی تھی۔ اس زمانے میں لیک سے ہٹ کر بننے والی فلموں کے موضوعات بائیں بازو کی تحریک سے متاثر ہونے لگے، کیونکہ ان کے لکھنے والے زیادہ تر ادیب اور شاعر اسی تحریک سے وابستہ تھے۔ اِس طرح کی تحریک کو اِپٹا (IPTA: Indian People theatre Assicoation) سے بھی کافی مدد ملی، اور اِس تحریک کا جذبہ فلموں پر حاوی ہوتا گیا۔

دیکھا جائے تو تحریک آزادی کو موضوع بنا کر ہندوستان کی آزادی سے پہلے کوئی بہت زیادہ کام نہیں ہو سکا تھا۔ ۲۹ اگست ۱۹۱۸ کو لوک مانیہ تلک نے خاص طور پر کانگریس کا اجلاس بمبئی میں بلایا تھا۔ اس وقت بابو رائو پینٹر نے اپنے دو معاون دا ملے اور فتح لعل کو ساتھ لے کر اِس اجلاس کی فلم بندی کی تھی۔ مگر یہ فلم اس وقت کہیں پر بھی دکھائی نہ جا سکی تھی، اور جب ۱۹۲۰ میں بابو رائو پینٹر ہی کی فلم 'سیر ندھی' کی بمبئی کے میجسٹک سینما میں نمائش ہوئی، تب اس فلم کو بھی 'سیر ندھی' کے ساتھ ہی جوڑ کر دکھایا گیا۔ مگر اس فلم کی نمائش سے قبل ہی یکم اگست ۱۹۲۰ کو بال گنگا دھر تلک کا انتقال ہو چکا تھا۔

۱۹۳۵ میں ایسٹرن کمپنی نے فلم 'بھارت کی بیٹی' بنائی تھی۔ اس کی ہدایت پریمانکور آشر تھی نے کی تھی اور کہانی کے۔ ایل۔ وِرمانی کی تھی۔ اس فلم میں بھی ہندوستان کی

آزادی کی بات کو اٹھایا گیا تھا۔۱۹۳۸ میں محبوب خان نے وطن نام سے ایک فلم بنائی تھی، جو حب الوطنی پر مبنی کچھ باتوں کو لے کر پیش کی گئی تھی۔

ملک کی آزادی کے ساتھ ہی فلم والوں کو بھی اپنی مرضی کے موضوعات پر فلم بنانے کی آزادی ملی... اور بڑی تیزی سے تحریکِ آزادی اور حب الوطنی کے موضوعات پر فلمیں بننے لگیں۔ وی۔ شانتارام نے ۱۹۴۹ میں فلم 'اپنا دیش' بنائی۔ نتن بوس نے ۱۹۵۰ میں 'مشعل' بنائی۔ شیام مکھرجی نے ۱۹۵۰ میں ہی اشوک کمار کو لے کر فلم 'سنگرام' بنائی۔ ۱۹۵۲ میں فیمس پکچرز نے آر۔ ایس۔ چودھری کی ہدایت میں فلم 'جلیاں والا باغ' بنائی اور پھر ۱۹۵۳ میں منروا مووی ٹون کے بینر سے سہراب مودی نے فلم 'جھانسی کی رانی' پیش کی، جو بہت مقبول ہوئی۔ ۱۹۵۴ میں فلمستان نے 'جاگرتی' بنائی۔ ۱۹۵۴ میں ہی 'شہید اعظم بھگت سنگھ' کی نمائش ہوئی، جو مکمل طور پر تحریک آزادی پر مبنی فلم تھی۔

اس سلسلے کی سب سے مشہور اور بہترین فلم 'شہید' تھی، جس نے تحریک آزادی کے متوالے نوجوانوں کو جوش وخروش سے لبالب بھر دیا۔ فلمستان کی اس فلم کے خالق رمیش سہگل تھے اور دلیپ کمار کی ہیروئین کامنی کوشل تھیں۔ چندر موہن، لیلا چٹنس اور رام سنگھ نے بھی اس فلم میں اہم رول ادا کیے تھے۔ فلم کے مکالمے اور کہانی کی بنت نے ہندوستانی عوام کے سینوں میں ایک جوش بھر دیا تھا۔ اسی نام سے ایک دوسری فلم ۱۹۶۵ میں بھی بنی تھی۔ اس دوسری فلم 'شہید' میں منوج کمار کے ساتھ اور کئی نامور اداکار اور اداکارائیں تھیں، اور یہ فلم بھی کافی مقبول ہوئی تھی۔ ۱۹۶۵ میں ہی آئی۔ ایس۔ جوہر نے ایک فلم 'جوہر محمود اِن گوا' بنائی تھی۔ یہ فلم بھی تحریک آزادی کے موضوع پر ہی بنی تھی، مگر اس فلم میں خاص طور پر گوا کی آزادی کو ہی موضوع بنایا گیا تھا۔ منوج کمار کی فلم 'کرانتی' بھی تحریک آزادی کے ہی موضوع پر ایک بڑی فلم تھی اور اس میں دلیپ

کمار نے بھی ایک اہم رول ادا کیا تھا۔ یہ فلم بھی کافی کامیاب ہوئی تھی۔

ان سب فلموں کے علاوہ بھی کئی فلمیں ایسی آئیں، جن میں ہندوستان کی تحریک آزادی کے کچھ حصے فلمائے گئے تھے، یا کہانی میں اس دور کے چند واقعات پیش کیے گئے تھے۔ اس سب کے باوجود اتنے بڑے ملک کی آزادی کی اتنی بڑی تحریک پر جو کام دنیا کی سب سے بڑی ہماری فلم انڈسٹری میں ہونا چاہیے تھا، میرے خیال سے وہ نہیں ہو پایا ہے۔ آزادی سے قبل تو انگریز حکومت کا سنسر بورڈ آڑے آتا رہا، مگر اب اس سلسلے میں ضرور کوئی ایسا کام ہونا چاہیے جس سے ملک کا وقار اونچا ہو۔ آزادی کے اس موضوع پر سب سے بڑی فلم 'گاندھی' کو ہی کہا جا سکتا ہے۔ اس فلم میں بڑے پیمانے پر گاندھی جی کی زندگی اور اس وقت کے حالات کی عکاسی ہوئی ہے۔ مگر یہ فلم مکمل طور پر ہندوستانی فلم نہیں کہی جا سکتی۔ کیا اس طرح کی کسی بڑی فلم کی امید ہم ہندوستانی سنیما سے بھی کر سکتے ہیں؟

***

بالی ووڈ فلمیں اور مشاہیر اردو

محمد عارف

اردو ہندوستان میں جنم لینے والی ایک ایسی زبان ہے جس نے زندگی کے ہر شعبے پر اپنا گہرا اثر مرتب کیا ہے۔ یہ اس زبان کی شیرینی، سادگی اور سلاست کا ہی کرشمہ ہے کہ جو اس زبان سے نامانوس ہیں انھیں بھی اس زبان سے انسیت ہے۔ اس کا ایک ثبوت بالی ووڈ کی فلمیں ہیں جن میں زیادہ تر ڈائلاگ، نغمے اور مکالمے اردو میں ہوتے ہیں۔ مگر وہ ناظرین کو اتنے بھلے لگتے ہیں کہ زبان کی اجنبیت کا احساس نہیں ہوتا اور نغمے تو کانوں میں اس طرح رس گھولتے ہیں کہ فلم دیکھنے والا کسی اور ہی دنیا میں کھو سا جاتا ہے۔ جہاں زبان سے زیادہ جذبے کی تپش محسوس ہوتی ہے اور حقیقت یہی ہے کہ انسانی جذبات اور احساسات کی بہت ہی خوب صورت عکاسی اسی زبان میں ہوتی ہے۔ اسی لیے اردو زبان نہ جانتے ہوئے بھی لوگوں کو اس زبان سے عشق سا ہو جاتا ہے اور شاید عشق کا یہی وہ جادو ہے جو آج بھی بالی ووڈ میں سر چڑھ کر بول رہا ہے۔ اگر یہ نہ ہوتا تو غالب پر لکھی ہوئی سعادت حسن منٹو کی مشہور زمانہ کلاسیکل فلم 'غالب' اور گلزار کا تحریر کیا ہوا ٹی وی ڈراما 'مرزا غالب' اور دوسری بہت سی فلموں کو اتنی مقبولیت اور شہرت نصیب نہ ہوتی۔

میر و غالب وغیرہ تو سب کی پسند ہیں اور ان کے نغمے پوری دنیا میں گونجتے ہیں۔ بالی ووڈ کی فلموں میں بھی اردو کے کلاسیکی شاعروں کی بہت سی غزلیں ہیں جو بہت مقبول ہیں

اور جنھیں گلوکاروں کی آواز نے نئی زندگی سی بخش دی ہے۔ یہ وہ نغمے ہیں جو صرف جذبے کو مہمیز نہیں کرتے بلکہ انسانی وجود کو ایک ایسے آہنگ سے بھر دیتے ہیں جس کی وجہ سے اس کے ذہن کا انتشار ختم ہو جاتا ہے اور اس کی زندگی میں ایک نیا احساس جنم لیتا ہے۔ جب کہ ان نغموں میں اردو کی سہل اور سادہ لفظیات کے علاوہ تلاطم، عقوبت، سنگ باری، غمازی جیسے مشکل الفاظ بھی استعمال میں آتے ہیں۔

خالص اردو کے شہکاروں پر بنی فلمیں بھی اردو زبان کی مقبولیت اور قدر و قیمت کا ثبوت ہیں۔ مرزا ہادی رسوا کے ناول 'امراؤ جان ادا' پر مظفر علی کی بنائی ہوئی فلم نے اپنا جو اثر ناظرین پر نقش کیا ہے وہ اس بات کی دلیل ہے کہ واقعی اردو کے تخلیقی ادب میں بڑی قوت اور توانائی ہے۔ یہی وہ فلم ہے جس میں ریکھا نے اپنی اداکارانہ صلاحیت کا لوہا ایک زمانے سے منوایا اور جس کے نغموں کی وجہ سے شہریار نے ہندوستان میں ہی نہیں بلکہ پوری دنیا میں شہرت کے ہفت آسمانوں کی سیر کی۔ اس سے بھی پہلے آغا حشر کاشمیری کے ڈرامے 'یہودی کی لڑکی' پر بنائی جانے والی فلم 'یہودی کی بیٹی' میں دلیپ کمار کے کردار نے اس کہانی کی ڈرامائیت میں چار چاند لگا دیا۔ اسی طرح منشی پریم چند کی کہانیوں پر بھی ہندوستانی فلم نگری میں کئی کہانیاں بنائی گئیں۔ لیکن اس سلسلے میں سب سے زیادہ مشہور ہوا ان کے ناول 'گئودان' پر بنایا ہوا ٹیلی ویژن ڈراما۔ جس کی جذباتیت نے ناظرین کو اس قدر متاثر کیا کہ اسے آج بھی ہندوستانی فلم اور ٹیلی ویژن میں کسی شاہکار سے کم کا درجہ حاصل نہیں ہے۔ اردو معاشرے اور تہذیب پر بنائی جانے والی فلموں اور ٹی وی ڈراموں نے بھی ہندوستان میں خاصی شہرت حاصل کی۔ ایسی فلموں میں شبانہ اعظمی، ارمیلا ماتونڈکر اور دیا مرزا جیسے فنکاروں کو لے کر بنائی جانے والی فلم 'تہذیب' اور امیتابھ بچن اور شری دیوی جیسے اداکاروں سے سجی ہوئی فلم 'خدا گواہ'۔ اس کے علاوہ ٹی وی پر آنے والا

مشہور فیملی ڈراما 'حنا' بھی اردو تہذیب کی جلوہ گری کے باعث لوگوں کی نگاہوں میں رچ بس گیا اور اس نے اپنی شہرت کی بنیاد پر دوسرے کئی ہم عصر ٹیلی ویژن ڈراموں کو پیچھے چھوڑ دیا۔ اردو نے ہندی فلم نگری پر ایسا جادو کیا کہ اس کی سحر انگیز نگاہوں کی روشنی نے ایک عالم کو اپنا اسیر بنالیا۔ اس حوالے سے یہ اقتباس کافی اہم ہے:

"ہندی فلموں نے اردو کی ان تمام مشہور داستانوں کو فلما کر ان کی شہرت اور مقبولیت میں چار چاند لگا دیے اور اردو کی بیش بہا خدمات انجام دیں۔ اس حقیقت سے بھلا کون انکار کر سکتا ہے کہ ایک دیکھی جانے والی کہانی، پڑھی جانے والی کہانی کی بہ نسبت زیادہ موثر ہوتی ہے کیونکہ ایک کہانی کو بیک وقت ایک ہی شخص پڑھ کر متاثر ہوتا ہے جب کہ وہی کہانی جب فلم کے پردے پر دکھائی جاتی ہے تو بیک وقت ہزاروں اشخاص مثبت یا منفی اثر قبول کرتے ہیں۔ چنانچہ اردو ادب کی مشہور اور معرکتہ الآرا داستانوں مثلاً قصہ چہار درویش، قصہ حاتم طائی، شیرین فرہاد، لیلیٰ مجنوں، گل وصنوبر، شہزادی، علی بابا چالیس چور، انارکلی (ڈرامہ)، امرائو جان ادا (ناول) وغیرہ کو ہندی فلموں نے حیات جاودانی بخش دی۔ آج یہ کہانیاں کتابوں کے صفحات سے اڑ کر عوام کے دلوں میں جا بسی ہیں۔ ان کتابوں کے مصنفین اس بات کا تصور بھی نہیں کر سکتے تھے کہ ان کی کہانیاں اتنی مقبول ہو سکیں گی۔ ان کہانیوں کے علاوہ اردو کے مشہور ناولوں پر مبنی فلمیں بھی بنائی جا چکی ہیں۔ مثلاً راجندر سنگھ بیدی کی 'ایک چادر میلی سی' اور منشی پریم چند کے ناول 'غبن' اور 'کفن' بھی فلم کے پردے کی زینت بن چکے ہیں۔ 'شطرنج کے کھلاڑی' ستیہ جیت رے کی مشہور فلم تھی جو پریم چند کی کہانی سے ماخوذ تھی۔ ان کے علاوہ جتنی بھی کہانیاں لکھی گئیں ان میں بیشتر کے خالق اردو کے ادیب ہی تھے اور یہ سلسلہ آج تک جاری ہے۔"

(ہندی فلموں پر اردو کا جادو از پروفیسر محمد منصور عالم، ص ۱۴۱، ہندوستانی فلموں کا

آغاز وارتقا، مولف الف انصاری، مطبوعہ اقبال پبلیکیشنز، کلکتہ)

اردو کے بہت سے ادیبوں نے ہندوستانی فلم انڈسٹری کے لیے خدمات انجام دیں۔ ان ادیبوں کے شاعرانہ اور فلمی کریئر کے بارے میں گفتگو کی اسے ادب اور آرٹ کے اس اہم سنگم کا بہت خوبصورت منظر نامہ سامنے آئے گا۔

سعادت حسن منٹو: سعادت حسن منٹو کی شخصیت سے کون واقف نہیں ہے۔ انھوں نے اردو دنیا میں اپنے نام اور کام دونوں کا سکہ جمایا۔ گو کہ منٹو کو فلمی دنیا میں زیادہ بڑی جگہ نہ مل سکی۔ ان کی کہانیاں بہت سی فلمی پلاٹس کی زینت بنیں مگر ان کے جیتے جی وہ ہندوستانی فلم انڈسٹری سے اتنا کچھ حاصل نہ کرپائے جتنا کہ ان کا حق تھا۔ اس کی وجہ ہم منٹو کی اس لاابالی فطرت کو بھی کہہ سکتے ہیں جو کہ ہر اصلی تخلیق کار کے یہاں پائی جاتی ہے۔ وہ کہیں بھی ٹک کر کوئی کام کرنے سے قاصر رہے۔ تاہم انھوں نے اپنی دلچسپی کی بنیاد پر مرزا غالب پر ایک فلم لکھی اور ہندی فلم جگت میں اسے اپنے افلاس زدہ دنوں میں کسی ڈائرکٹر کے بہت زیادہ اصرار کرنے پر فروخت کر دیا۔ نتیجتاً فلمی پردے کی زینت بنی اور اپنے زمانے میں بے حد کامیاب بھی رہی۔ اس کے علاوہ منٹو کی مشہور زمانہ کہانی جو کہ تقسیم ہند کے موضوع پر تھی اور جسے دنیا ٹوبہ ٹیک سنگھ کے نام سے جانتی ہے۔ کئی بار ہندوستانی فلم اور ڈراما کمپنیوں کی جانب سے فلمائی اور اسٹیج کی گئی۔

مجروح سلطان پوری: مجروح سلطان پوری کا اصلی نام اسرار الحسن خان تھا۔ آپ کا آبائی وطن نظام آباد، اعظم گڑھ تھا۔ انھوں نے اپنے فلمی کریئر کا آغاز ۱۹۴۵ میں کیا اور دو دہائیوں کے مقبول ترین نغمہ نگار رہے۔ مجروح صاحب کو اس بات پر اپنی پوری زندگی میں فخر رہا کہ انہیں اپنی اردو شاعری کی بنا پر ہی فلمی دنیا میں آنے کا اور ایسی سنہری خدمات انجام دینے کا موقع ملا۔

مجروح صاحب نے چھبیس سال کی عمر میں اپنے فلمی کریئر کا آغاز کیا اور اپنی اردو شاعری اور زبان کی صلاحیت کی بنیاد پر ایک سے ایک فلمی گیت تخلیق کیے۔ مجروح صاحب نے اپنی فلمی زندگی میں نوشاد صاحب، مدن موہن، او پی نیر، شنکر جے کشن، جتن للت اور اے آر رحمن جیسے عظیم میوزک ڈائرکٹرز کے ساتھ کام کیا اور ہندوستان ہی نہیں بلکہ پوری دنیا کے لوگوں کے دلوں کو اپنے اردو کے خوبصورت الفاظ کے رشتے میں پروتے چلے گئے۔ انھوں نے اپنی پہلی فلم 'شاہجہاں' کے ہی گانے اس قدر خوبصورت لکھے کہ ان میں سے بیشتر عوام میں بہت مقبول ہوئے اور پروڈیوسر کے حسب خواہش ان نغموں میں مغلیہ عہد کے زبان و بیان کی اس چاشنی کو بھی ملحوظ رکھا گیا۔ ان کی ایسی ہی شاہکار خدمات کی وجہ سے انھیں ۱۹۶۵ میں اپنے مشہور نغمے 'چاہوں گا میں تجھے سانجھ سویرے' کے لیے فلم فیئر ایوارڈ اور ۱۹۹۳ میں لائف ٹائم اچیومنٹ ایوارڈ بنام دادا صاحب پھالکے سے نوازا گیا۔ مجروح صاحب نے اپنے تمام فلمی گیتوں میں اردو زبان اور اس کی زود اثری سے لوگوں کے دلوں کو مسخر کیا۔ آج بھی ان کے اشعار فلمی گیتوں اور مکالموں میں استعمال کیے جاتے ہیں اور جس شعر نے انہیں دنیائے ادب اور فلم دونوں میں یکساں طور پر شناخت حاصل کرنے میں مدد دی وہ ہے

میں اکیلا ہی چلا تھا جانب منزل مگر
لوگ ساتھ آتے گئے اور کارواں بنتا گیا

مجروح سلطان پوری کے مشہور نغمے اس طرح سے ہیں جس پر انھیں فلم فیئر ایوارڈ بھی ملا۔

چاند میرا دل چاندنی ہو تم چاند سے ہے دور چاندنی کہاں (ہم کسی سے کم نہیں)، راجہ کو رانی سے پیار ہو گیا (اکیلے ہم اکیلے تم)، پہلا نشہ پہلا خمار (جو جیتا وہی سکندر)، او میرے

دل کے چین (میرے جیون ساتھی)،

یہ ہے ریشمی زلفوں کا اندھیرا (میرے صنم)، آجا پیا تو ہے پیار دوں (بہاروں کے سپنے)، اے دل ہے مشکل جینا یہاں (سی آئی ڈی)، چھپالو یوں دل میں پیار مرا (ممتا)

ساحر لدھیانوی: ساحر کی تخلیقی صلاحیت کو کون نہیں پہچانتا۔ ان کے نغمے آج بھی ریڈیو، ٹی وی کے ذریعے لوگوں کے گوش گزار ہوتے رہتے ہیں اور وقت کی کئی پرتیں پڑنے کے باوجود ان نغموں کی مہک تازہ ہی رہتی ہے۔ وہ بیسویں صدی کے وسط میں لاہور سے ہندوستان آئے اور یہاں آکر ممبئی میں انھوں نے فلم 'آزادی کی راہ پر' سے اپنے فلمی کرئیر کا آغاز کیا۔ یہ فلم اپنا کچھ خاص اثر ہندوستانی سنیما پر نہیں ڈال پائی مگر ساحر کی تخلیقی صلاحیت کو ابھی اور چمکنا تھا اس لیے وہ اس راہ پر آگے بڑھے اور انھوں نے ۱۹۵۰ میں فلم 'نوجوان' کے گانے لکھے جو کہ اتنے مقبول ہوئے کہ ساحر کا نام بطور نغمہ نگار ہندوستانی فلم انڈسٹری میں خاصی شہرت حاصل کر گیا۔ ساحر کی شخصیت چونکہ خود بھی بے حد رومانی تھی اس لیے انھوں نے جب اپنی رومانویت کو نغموں میں اتارنا شروع کیا تو لوگ اس سحر زدہ لہجے کی تمکنت سے چونک اٹھے۔

ساحر کے فلمی نغمے نہ صرف اپنی غنائیت کی وجہ سے بے مثال ہیں بلکہ ان نغموں کی معنی آفرینی اور معاشرتی حسیت نے انھیں آفاقیت عطا کی ہے۔ ساحر کا امتیاز ہے کہ جو باتیں نثر کے پیرائے میں بیان کی جاسکتی ہیں انھیں ساحر نے شعر کے قالب میں ڈھال کر نہایت غنائیت کے ساتھ پیش کیا ہے۔

کبھی کبھی میرے دل میں خیال آتا ہے
کہ جیسے تجھ کو بنایا گیا ہے میرے لیے
تو اب سے پہلے ستاروں میں بس رہی تھی کہیں

تجھے زمیں پہ اتارا گیا ہے میرے لیے

ساحر لدھیانوی اپنے عہد کے وہ نازک مزاج نغمہ نگار تھے جنہوں نے دھنوں پر گیت لکھنے سے انکار کرتے ہوئے اپنے قلم کی عظمت کا اعتراف کروایا۔ انھوں نے اس بات پر اصرار کیا کہ وہ پہلے گیت لکھیں گے اور اس کے بعد ہی ان کو دھنیں عطا کرنے کے لیے موسیقار کو محنت کرنا پڑے گی۔ اس طرح موسیقی اور شاعری کی اس پرانی جنگ میں انھوں نے فلم انڈسٹری کو اپنے عہد تک تو یہ بات ماننے پر مجبور کر دیا کہ گانوں میں بول کی اہمیت دھنوں سے زیادہ ہوتی ہے۔ اس کے علاوہ بھی اپنی تخلیقی صلاحیتوں پر ان کو کس حد تک ناز تھا اس بات کا اندازہ اس سے لگایا جاسکتا ہے کہ انھوں نے ہمیشہ فلموں میں موسیقاروں کی بہ نسبت پروڈیوسر سے ایک روپیہ زیادہ ہی قیمت وصول کی۔ وہ اپنے کلام کی سحر بیانی کی صحیح قیمت سے واقف تھے اور اسی وجہ سے انھوں نے زندگی بھر کسی بھی طرح کے معاوضے کے لیے معاہدہ کرنا غیر ضروری سمجھا۔ ساحر کے چند مشہور نغمے اس طرح ہیں۔

جانے وہ کیسے لوگ تھے جن کے پیار کو پیار ملا

ہم نے جب کلیاں مانگیں کانٹوں کا ہار ملا

(فلم 'پیاسا')

عورت نے جنم دیا مردوں کو مردوں نے اسے بازار دیا

جب جی چاہا مسلا کچلا جب جی چاہا دھتکار دیا

ندا فاضلی: اردو شاعری کے لحاظ سے فلمی دنیا میں ندا فاضلی کا نام ایک انفرادی حیثیت رکھتا ہے۔ ان کی شاعری نے اپنے اسلوب اور افکار کی بدولت ایک ایسے لہجے کی بازیافت کی ہے جو بیک وقت میر اور نظیر کی یاد دلاتا ہے۔ ندا کے یہاں جو فکری بہاؤ ہے

وہ دراصل اودھت گیتا سے مستعار ہے۔

ایک دن اچانک وہ ایک مندر کے پاس سے گزرتے ہیں جہاں انہیں سورداس کا ایک بھجن 'مدھوبن تم کیاں رہت ہرے؟ برہ بیوگ سیام سندر کے ٹھارے، کیوں نہ جرے؟' سنائی دیا۔ اس بھجن میں کرشن کے متھرا سے دوارکا چلے جانے پر رادھا اور گوپیاں چمن سے استفسار کرتی ہیں کہ اے چمن! تم کرشن کے بغیر اتنے سرسبز کیوں ہو، ان کی جدائی کے غم نے تمہیں جلا کیوں نہ دیا؟۔۔اس واقعے کو ندا کے لہجے کی تشکیل اور فکر کی پرواز کی اساس کہا جاسکتا ہے اور یہاں سے ان کے دورِ مشق کے بعد ان کا اصل شعری دور شروع ہوتا ہے اور دراصل یہی درمیانی دور ندا کی شناخت کے طور پر مقبول ہوا۔ ندا کی شاعری کا تیسرا دور ان کی بمبئی (موجودہ ممبئی) آمد کے ساتھ ۱۹۶۴ میں شروع ہوا۔ یہاں آنے کے بعد ندا نے اس دورِ زندگی کا تجربہ حاصل کیا جہاں لوگ ایک دوسرے کے غم آشنا ہوتے ہوئے بھی ان غموں سے بھی فائدہ اٹھانے کی تدابیر میں جٹے رہتے تھے۔ ندا اپنے فلمی کیریئر میں اس قدر کامیاب نہیں ہوئے جتنا انھیں ہونا چاہیے تھا بلکہ ان کی زیادہ شہرت اسی فقیر منش شاعر کے طور پر ہے جس کے اقوال کے آئینے میں لوگ دنیا کی سیدھی سچی تصویر دیکھ کر خوش ہوتے ہیں۔ معاصر شاعری میں ندا فاضلی نے جدیدیت کے جس رنگ کی جانب اپنے اسلوبِ شعر کی باگ موڑی تھی خود اس کا وجود اتنا قوی ثابت نہیں ہوا کہ ندا جیسے شاعروں کے خیالات کی ترجمانی کا بوجھ برداشت کر سکتا۔ اس لہر سے جڑنے کی بھی ایک اپنی وجہ گوتم بدھ کے اسی بیان کی سی معلوم ہوتی ہے جس میں وہ خود کو پانی کا مماثل قرار دیتے ہوئے کہتے ہیں کہ "ان کا رنگ کچھ نہیں ہے بلکہ وہ اوروں کے رنگ میں رنگنے کی اہلیت ضرور رکھتے ہیں۔" ایسا نہیں ہے کہ اور شاعروں نے ندا کی طرح نظموں اور دوہوں میں دنیا کی تفہیم کی اس کوشش کو شامل نہیں

کیا بلکہ کئی ایک تو ایسے ہیں جنہوں نے ندا کے یہاں سے خوشہ چینی کو بھی برا نہیں مانا مگر غزل کے قصر میں ندا کا اپنا ایک علیحدہ مقام ہے اور غزل کو سادھو سنتوں کا چولا پہنانے والے ندا کی برابری کرنا کسی بھی شاعر کے بس کی بات نہیں ہے یہ صرف ندا کا ہی حصہ ہے۔ وہ اپنی دھرتی اور اس کی بوباس میں اس طرح رچے بسے ہیں کہ یہاں کے اوتار، ندیاں، مزاریں، گنڈے، تعویذ، درخت اور پرندے ان کی شاعری کی دنیا کا ایک اٹوٹ حصہ بن چکے ہیں جس کو بمبئی کی بھیڑ بھی پامال کرنے میں کامیاب نہیں ہو سکی اور سچ پوچھا جائے تو ندا کی بہت بعد تک کی شاعری میں ان کے یہاں کا وہی خالص اور صوفیانہ اسلوب کارگر رہا جس نے انہیں ہجر کی تنہائی میں بھی خدا کے ترحم کا درس دیا تھا اور شہر کی ہائو ہو میں بھی اسی کی کرپا کا پاٹھ پڑھایا۔ البتہ فلمی دنیا میں رومانیت کے سہارے اپنی غزلوں سے فلموں میں چار چاند لگانے والے ندا فاضلی کے جن بولوں نے لوگوں کو متاثر کیا ان میں 'کبھی کسی کو مکمل جہاں نہیں ملتا'، 'ہوش والوں کو خبر کیا بے خودی کیا چیز ہے' جیسے سدا بہار اور مشہور نغمے سرفہرست ہیں جنھیں ہندوستانی عوام کبھی فراموش نہیں کر سکتی۔

شہریار: مرزا ہادی رسوا کے ناول 'امراؤ جان ادا' پر بنائی ہوئی مظفر علی کی یادگار فلم 'امراؤ جان' میں اپنے نغموں سے سحر طاری کرنے والے شاعر شہریار اپنی فنی صلاحیتوں کی وجہ سے ہندوستانی فلمی دنیا میں ہمیشہ یاد رکھے جائیں گے۔ شہریار نے امراؤ جان ادا کے فلمی نغمے واقعی اتنے اچھے تحریر کیے تھے۔ آج بھی وہ نغمے روح کو تازگی بخشتے ہیں۔ مثال کے طور پر ان کا مشہور نغمہ

دل چیز کیا ہے آپ مری جان لیجیے
بس ایک بار میرا کہا مان لیجیے

شہریار اردو ادب میں اپنی فنی بصیرت اور ادبی خدمات کی وجہ سے ہمیشہ یاد کیے

جائیں گے۔ ہندوستانی فلم انڈسٹری نے بھی ان کے کلام کی پختگی کو قبول کیا اور ان کی انمول اور بے بہا خدمات کی وجہ سے انھیں ۲۰۱۲ میں ہی ان کے انتقال سے کچھ عرصہ پہلے مشہور اداکار امیتابھ بچن کے ہاتھوں سے ایک ایوارڈ سے نوازا گیا۔ شہریار نے فلموں کی طرح اپنی ادبی زندگی میں شاعری سے لوگوں کو متاثر کیا۔

اختر الایمان: اختر الایمان کے اندر چونکہ ایک بہت ہی اہم شاعر وقت کے ساتھ ساتھ پروان چڑھ رہا تھا اس لیے وہ بہت جلد ہی روایت شکن بن کر ابھرے اور ان کی یہی روایت شکنی انھیں ممبئی کی فلم نگری کی جانب کھینچ لائی۔ ممبئی میں ان کی آمد ۱۹۴۵ میں ہوئی۔ انھیں اپنی مکالمہ نگاری کے سبب ۱۹۶۳ میں فلم 'برہمپتر' اور ۱۹۶۶ میں فلم 'وقت' کے لیے فلم فیئر ایوارڈ سے نوازا گیا۔ اختر الایمان نے تیس سے زائد فلموں میں مکالمے لکھے۔

اختر الایمان کے لیے کہا جاسکتا ہے کہ انھوں نے جس قدر کامیابی اپنے ادبی کریئر میں حاصل کی اتنی ہی انھیں فلمی دنیا میں بھی ملی۔ چونکہ وہ زبان و بیان پر قادر تھے اس لیے انھوں نے کئی فلموں میں گیت بھی لکھے اور مکالموں کی ہی طرح ان کے نغمے بھی عوام کے لیے سدابہار ثابت ہوئے۔

اختر الایمان اپنی شاعری کی ہی طرح بالکل منفرد شخصیت کے حامل تھے۔ انھوں نے فلم نگری میں رہ کر بھی اپنی فنی صلاحیتوں کو کسی بھی طور کم نہیں ہونے دیا۔ وہ ایک باکمال اور باصلاحیت ادیب ہونے کے ساتھ ایک خوبصورت مکالمہ نگار بھی تھے۔ اسی لیے یہ بات پورے وثوق سے کہی جاسکتی ہے کہ جب جب اردو اور بالی ووڈ کے رشتوں کا ذکر ہوگا۔ تب تب اردو کے شعرا و ادبا کو یاد کیا جائے گا۔

کیفی اعظمی: ۱۴ جنوری ۱۹۱۹ کو آنکھیں کھولنے والے کیفی اعظمی کو آج ہندوستانی

فلم انڈسٹری میں کون شخص نہیں جانتا ہوگا۔ ان کا مشہور زمانہ نغمہ "عجیب داستاں ہے یہ، کہاں شروع کہاں ختم' لوگوں کے لیے آج بھی کلاسیک کا درجہ رکھتا ہے۔ ان کی فلمی خدمات کے لیے انھیں خواجہ احمد عباس کی ہدایت میں بنی ہوئی فلم 'سات ہندوستانی' میں برائے نغمہ نگاری نیشنل فلم ایوارڈ سے ۱۹۷۰ میں نوازا گیا۔ اس کے علاوہ ۱۹۷۵ میں انہیں فلم فیئر کی جانب سے بہترین مکالمہ نگاری، بہترین منظر نامے اور بہترین کہانی کے لیے ایوارڈ سے نوازا گیا۔ کیفی اعظمی نے اپنی اردو زبان دانی کی بدولت فلمی کریئر میں ایسی کئی فلمیں لکھیں اور ایسے نغمے تحریر کیے جس میں اس زبان کا جادو سننے والے کے سر چڑھ کر بولتا ہوا محسوس ہوا۔ ان کے کچھ سدا بہار نغمے مندرجہ ذیل ہیں۔

آج کی رات بہت گرم ہوا چلتی ہے
تو جو بے جان کھلونوں سے بہل جاتی ہے
وقت نے کیا کیا حسیں ستم
تم اتنا جو مسکرا رہے ہو
زندگی بھر مجھے نفرت سی رہی اشکوں سے
آج سوچا تو آنسو بھر آئے مدتیں ہو گئیں مسکرائے

اس کے علاوہ اور بھی بہت سے نغمے ہیں جو ان کے قلم سے نکلے اور ہندوستانی فلم انڈسٹری کے آسمان پر ستاروں کی صورت جگمگائے۔

شکیل بدایونی: ساحر لدھیانوی کی طرح شکیل بدایونی بھی اردو ادب کے حوالے سے فلموں میں ایک بہت عظیم نام بن کر ابھرے۔ ان کی شاعرانہ صلاحیتوں کی ہی بدولت انھیں فلم انڈسٹری میں سو سے زائد فلموں کے گیت لکھنے کا موقع ملا۔ یوں تو ان کے بہت سے نغمات مشہور و مقبول ہوئے لیکن ان کا سب سے بڑا کارنامہ مغلِ اعظم جیسی فلم میں

لکھے گئے ان کے نغموں کو ہی قرار دیا جاسکتا ہے۔ بھلا کون ہے جو 'پیار کیا تو ڈرنا کیا' اور 'اے محبت زندہ باد' جیسے گانوں کی کھنک آج بھی اپنے کانوں میں محسوس نہیں کرتا۔ بہترین نغمہ نگار کے طور پر انھیں کئی بار فلم فیئر ایوارڈ ملا۔ شکیل بدایونی کے تقریباً تمام فلمی نغمے مقبول و محبوب ہوئے ہیں، مثال کے طور پر کچھ مشہور نغموں کا ایک ایک مصرعہ پیش کرنا چاہتا ہوں۔

او دور کے مسافر ہم کو بھی ساتھ لے لے (اڑن کھٹولہ)، تو گنگا کی موج میں جمنا کی ھار (بیجو باورا)، او دنیا کے رکھوالے سن درد بھرے میرے نالے (بیجو باورا)، جب پیار کیا توڈرنا کیا (مغل اعظم)

حسرت جے پوری: حسرت کا نام اقبال حسین تھا۔ ۱۵ اپریل ۱۹۲۲ کو جے پور میں پیدا ہوئے۔ ان کے نانا فدا حسین اردو اور فارسی میں شاعری کرتے تھے حسرت کو بچپن ہی سے شعر و شاعری میں دلچسپی تھی اکثر اپنے نانا کے ساتھ مشاعروں میں شریک ہوتے تھے۔ یہیں سے ان کے اندر شعر فہمی کی صلاحیت پیدا ہوئی۔ اٹھارہ سال کی عمر میں ممبئی آگئے اور پابندی سے مشاعروں میں شریک ہونے لگے۔

ایک مرتبہ ایک مشاعرے میں پرتھوی راج کپور نے ان کی نظم 'مزدور کی تلاش' سنی تو ان کی ملاقات اپنے بیٹے راج کپور سے کرائی۔ راج کپور نے ان سے کچھ اور غزلیں سنیں تو انھیں اندازہ ہوا کی ان کے اندر نغمہ نگاری کی صلاحیت کوٹ کوٹ کر بھری ہے اسی ملاقات نے حسرت کی زندگی بدل کرر کھ دی راج کپور کے ہی وسیلے سے ان کو فلموں میں کام مل گیا۔ اسی بنا پر ہم دیکھتے ہیں کی راج کپور کی بیشتر فلموں کے نغمے حسرت جے پوری کے تحریر کردہ ہیں۔ راج کپور کی فلموں کے سدابہار نغمے حسرت جے پوری کی گہری بصیرت اور کمال فن کے مظہر ہیں۔ اس کے علاوہ دیگر پروڈکشنز کے تحت بننے والی فلموں

میں بھی ان کی بڑی حصے داری ملتی ہے۔ ان کے کچھ نغمے جو انھیں بالی ووڈ میں بلند مقام عطا کیے۔

زندگی ایک سفر ہے سہانہ (انداز)، تیری پیاری پیاری صورت کو کسی کی نظر نہ لے (سسرال)، پنکھ ہوتے تو اڑ آتی رے (صحرا)، احسان تیرا ہو گا مجھ پر (جنگلی)، تم مجھے یوں بھلانہ پائوگے (پگلا کہیں کا)، بدن پر ستارے لپیٹے ہوئے (پرنس)

حسرت نے اپنا پہلا فلمی نغمہ 'جیا بے قرار ہے چھائی بہار ہے، آجا مورے بالما تیرا انتظار ہے' لکھا، ان کے نغموں میں سہل نگاری اور سلاست پائی جاتی ہے جس کی وجہ سے یہ بہ آسانی زبان زد عام ہوئے۔ کبھی کبھی ہندی تراکیب کا استعمال کر کے اپنے کلام میں ایک نیا آہنگ پیدا کر دیتے ہیں۔

گلزار: ہندوستانی فلمی صنعت میں کم لوگوں کو اس بات کا اعزاز حاصل ہے کہ جنھوں نے فلم سازی کے مختلف شعبوں میں اپنی انفرادیت اور صلاحیتوں کے چراغ روشن کیے ہیں۔ پورن سنگھ عرف گلزار بھی انھیں لوگوں میں سے ایک ہیں وہ بہترین اور حساس نغمہ نگار، کامیاب ہدایت کار، فطری مکالمہ نویس اور چست اسکرپٹ رائٹر کی حیثیت سے جا نے جاتے ہیں۔ بحیثیت نغمہ نگار گلزار کی پہلی فلم 'بندی' تھی جس کے ایک نغمے نے حسن کی ایک نئ تعریف وضع کی اور وہ نغمہ بہت مقبول ہوا۔ گلزار ایک ایسے نغمہ نگار ہیں جو اپنے نغموں میں نئ لفظیات، اچھوتے خیال اور اپنی انفرادیت کو بر قرار رکھتے ہیں۔

ہزار راہیں مڑ کے دیکھیں کہیں سے کوئی صدا نہ آئی
بڑی ادا سے نبھائی تم نے ہماری تھوڑی سی بے وفائی
(فلم 'تھوڑی سی بے وفائی)

وہ شام کچھ عجیب تھی، یہ شام بھی عجیب ہے

وہ کل بھی آس پاس تھی، وہ آج بھی قریب ہے
(فلم 'خاموشی')

نوشاد: نوشاد صاحب ہندوستان میں موسیقار اعظم کے نام سے جانے جاتے ہیں۔ انھوں نے بیجو باورا سے لے کر مغل اعظم جیسی فلموں تک میں اپنی موسیقی سے جادو جگایا ہے۔ ان کی عظمت کا اعتراف آج بھی ہندوستان کے کم و بیش تمام موسیقار کرتے ہیں۔ نوشاد صاحب کے بارے میں شاید زیادہ تر لوگ یہ بات نہیں جانتے ہیں کہ وہ اردو کے ایک بہت اچھے شاعر بھی تھے اور ان کا شعری مجموعہ 'آٹھواں سر' کے نام سے شائع ہو کر منظر عام پر آیا تھا۔ نوشاد صاحب کو اردو زبان وادب دونوں سے دلچسپی تھی۔ انھوں نے فلم مغل اعظم کی کلاسیکیت کو بر قرار رکھنے کے لیے جس طرح نرگسی موسیقی کی دھنیں تیار کی تھیں اس سے یہ بات تو ثابت تھی کہ وہ اردو کے کلاسیکی مزاج سے پوری طرح واقف ہیں اور نہ صرف ان دھنوں کو زبان عطا کرنا جانتے ہیں بلکہ زبان کی دھنوں کا بھی پورے طور پر ادراک رکھتے ہیں۔

کمال امروہی: یہ ہندوستانی فلم سینما کی تاریخ میں اپنی تخلیقی صلاحیت کی وجہ سے ہمیشہ یاد رکھے جائیں گے۔ انھوں نے جو مکالمے لکھے اور جن فلموں میں ہدایتکاری کے فرائض انجام دیے۔ ان میں سے بیشتر کامیاب رہیں۔

کمال صاحب کا کمال یہ تھا کہ وہ ذہنی طور پر اپنا بالکل جداگانہ انداز رکھتے تھے۔ جب ہندوستانی سینما میں تشدد اور عریانیت سے بھرپور فلمیں بنائی جانے کا ایک فیشن چل نکلا تھا تو انھوں نے 'پاکیزہ' جیسی خوبصورت اور پاکیزہ فلم بنائی۔ زبان وبیان کے معاملے میں بھی ابتدا سے ہی کمال صاحب اپنی زبان میں اردو الفاظ کا بھرپور استعمال کیا کرتے تھے۔ ان کی لکھی ہوئی کہانیوں اور مکالموں میں اردو زبان کی چاشنی وشیرینی کو بہت

صاف طور پر محسوس کیا جاسکتا ہے۔ پھر مغل اعظم کے مکالموں کو کون شخص بھول سکتا ہے۔ جن کی وجہ سے انھیں فلم فیئر ایوارڈ سے بھی نوازا گیا۔ اصل میں کمال امروہی صاحب صرف اردو زبان سے ہی نہیں بلکہ اس کی تہذیب اور تہذیب کے ہر مخفی و ظاہر گوشوں سے اچھی طرح واقف تھے۔ اسی لیے انھوں نے فلمی دنیا میں اردو زبان و ادب کی ترویج میں ایک اہم کردار ادا کیا۔

کمال امروہی صاحب نے بمبئی جوگیشوری (مشرق) میں کمالستان نام کا ایک اسٹوڈیو بھی تعمیر کروایا تھا۔ اس اسٹوڈیو میں خود ان کی ہدایتکاری میں بننے والی فلم رضیہ سلطان کے علاوہ امر اکبر انتھونی، کالیہ، کوئلہ اور حال میں بننے والی فلم دبنگ دوئم کی بھی شوٹنگ ہوئی ہے۔ یہ اسٹوڈیو تقریباً پندرہ ایکڑ میں پھیلا ہوا ہے۔

کمال صاحب کی مقبولیت ان کی زندگی میں تو تھی ہی، فلم انڈسٹری نے ان کے انتقال کے بعد بھی ان کی شخصیت کے اثر کے حصار سے کبھی خود کو باہر محسوس نہیں کیا ہے۔ گزشتہ سالوں میں ان کی شخصیت اور فلم انڈسٹری میں ان کی جدوجہد اور کردار سے متاثر ہو کر 'کھویا کھویا چاند' نام کی ایک فلم بھی بنائی گئی تھی جس میں 'شاہنی آہوجہ' نے کمال امروہی صاحب کا کردار ادا کیا تھا۔

اردو زبان اور ادب سے ان کو گہرا عشق تھا۔ شاید اس کی وجہ یہ بھی ہو سکتی ہے کہ جب وہ اردو رسائل میں سید امیر حیدر کمال کے نام سے شائع ہوا کرتے تھے تب سے شہرت کی بلندیوں کو سر کرنے کے ساتھ ساتھ ان کو ممبئی کے فلمی طلسم کدے میں ہمیشہ اسی زبان نے اپنی ایک الگ پہچان بنانے میں مدد دی۔

***

ہندوستانی فلموں کے مکالمے اور اردو

محمد منور عالم

ہندوستانی فلموں پر ہونے والی گفتگو اردو زبان اور اس کی تہذیب کے ذکر کے بغیر مکمل نہیں ہوسکتی۔ ہندوستانی فلموں نے اردو کی آغوش میں آنکھیں کھولیں اور اردو زبان کو اپنے اظہار کا ذریعہ بنایا۔ پہلی ہندوستانی فلم 'عالم آرا' پر غور کیا جائے تو یہ بات وثوق سے کہی جاسکتی ہے کہ اس کی کہانی، مکالمے، نغمے، برتاؤ وغیرہ سب کے سب اردو کے رنگ میں ہیں۔ اس فلم کے مکالمے کی زبان اردو تھی جسے عوامی سطح پر بے حد مقبولیت حاصل تھی۔ اس فلم کے ہٹ ہونے میں مکالمے کا اہم رول رہا۔ اس پہلی متکلم فلم 'عالم آرا' کے مکالمے منشی ظہیر نے لکھے تھے جو اردو میں تھے۔ عالم آرا سے لے کر اب تک کی تمام ہندوستانی فلمیں اگر کامیابی سے ہمکنار ہوئیں تو اس میں مکالمے کا رول اہم رہا ہے۔

ابتدا میں موسیقی سے لبریز فلمیں شائقین کے لیے لطف اندوزی کا ذریعہ تھیں۔ مگر سنیما صنعت کی ترقی کے ساتھ رواں دواں زندگی کی بیشکاری کے لیے کئی ذرائع اظہار استعمال کیے گئے وہیں جذبات و احساسات کے حسین اور پر اثر اظہار کے لیے مکالمے کو بہترین آلہ کار مانا گیا۔ بولتی فلموں کے آغاز سے اب تک مکالمے کی اہمیت برقرار ہے۔ ہزاروں مکالمے پسندیدگی کی سند پا چکے ہیں اور ناقابل فلم کی طرح خاص وعام کی زبان پر جاری ہیں۔ جہاں بھی فلموں میں اثر دار اداکاری کا ذکر ہوتا ہے وہیں مشہور ڈائلاگس

برسوں تک شائقین بھول نہیں پاتے ہیں۔ آخر مکالمے میں ایسی کیا بات ہے کہ فلموں میں اس کی اتنی اہمیت ہے۔ اس کو تعریف کا جامہ کس طرح عطا کر سکتے ہیں اس سلسلے میں فلموں سے وابستہ فن کاروں کی رائے سود مند ہو سکتی ہے اور ان نکات پر گفتگو کی جا سکتی ہے جن کی طرف آرٹسٹوں نے توجہ دلائی ہے۔ جناب احسن رضوی جنھوں نے فلم مغل اعظم کے کچھ مکالمے لکھے، ان کے مطابق "مکالمہ وہ پیرایہ گفتگو ہے جو کہانی کی تمام ضرورتوں پر حاوی ہو۔" (فلمی انٹرویو: محمد خالد عابدی، ص۱۱) انھوں نے کہانی اور منظرنامے میں مکالمے کی بنیادی حیثیت کو قبول کیا ہے۔ جدید شاعری کا اہم ترین نام اخترالایمان تقریباً چالیس سال تک فلموں سے وابستہ رہے۔ کہانیاں، شاعری اور مکالمے انھوں نے فلموں کے لیے لکھے۔

فلم کی کامیابی کے لیے جن نکات پر محنت کی جاتی رہی ہے ان میں مکالمہ بھی ایک ہے۔ مکالمے صرف تحریر نہیں کیے جاتے ہیں بلکہ اس کی قرأت کو رکارڈ کیا جاتا ہے۔ مکالمہ نویس اور اداکار کے درمیان مکالمے پر تبادلۂ خیال کو ضروری تصور کیا جاتا ہے۔ اداکار کو اس بات کے لیے تیار کیا جاتا ہے کہ مکالمے اس انداز سے ادا کیے جائیں جو اس زبان کی اصلیت کو برقرار رکھے۔ اس کے لیے باضابطہ طور پر آدمی بحال کیے جاتے ہیں۔ اردو زبان کی ہمہ گیری اور مقبولیت کے پیش نظر فلموں کے مکالمے میں صرف الفاظ استعمال نہیں ہوتے ہیں بلکہ لہجہ بھی اردو والا ہی ہوا کرتا ہے۔ چند مکالمے ملاحظہ کیجیے اور ان میں اردو کی جلوہ گری محسوس کیجیے۔

-" آج میرے پاس گاڑی ہے، بنگلہ ہے، پیسہ ہے، تمہارے پاس کیا ہے ؟ میرے پاس، میرے پاس ماں ہے۔ " (فلم دیوار) "آپ کے پاؤں بہت حسین ہیں، انھیں زمین پر مت اتاریے گا میلے ہو جائیں گے۔" (فلم پاکیزہ)

"انارکلی 'سلیم کی محبت تمھیں مرنے نہیں دے گی اور ہم تمھیں جینے نہیں دیں گے ۔" (فلم مغل اعظم)

"بڑے بڑے شہروں میں چھوٹی چھوٹی باتیں ہوتی رہتی ہیں۔ " (فلم دل والے دلہنیا لے جائیں گے)

کبھی کبھی کچھ جیتنے کے لیے کچھ ہارنا پڑتا ہے۔ اور ہار کر جیتنے والے کو بازیگر کہتے ہیں۔" (فلم بازیگر)

ان مکالموں کے حسن کا اندازہ لگایا جاسکتا ہے۔ یہ وہ مکالمے ہیں جو فلم دیکھنے والے حضرات کو ازبر ہیں۔ عوام میں ان مکالموں کا استعمال روزمرہ کی طرح ہوتا ہے۔ کسی زبان کی سب سے بڑی خوبی یہ ہوتی ہے کہ اس کو بولنے والے سے اثرانداز ہو کر اس کو جاننے کی سعی کرنا۔ اردو زبان کی خصوصیت ہے کہ دوسری زبانوں کو جاننے والے جب اس الفاظ کو سنتے ہیں تو اس کو سیکھنے کی للک ہوتی ہے۔ ہندی یا دوسری علاقائی زبانوں کو جاننے اور بولنے والے اردو کے الفاظ کا استعمال کر کے خوش ہوتے ہیں اور اس کے حسن کی تعریف کرتے ہیں۔ ہندوستانی فلموں سے وابستہ اہم مکالمہ نویسوں کی کارکردگی اور اردو زبان کی شمولیت کے لیے مکالمہ نگاری اور فلموں کا اختصار سے جائزہ سود مند ہو سکتا ہے۔ اس لیے چند اہم مکالمہ نویسوں کا یہاں ذکر کیا جارہا ہے۔

راجندر سنگھ بیدی (۱۹۸۴-۱۹۱۵) مشہور افسانہ نگار گزرے ہیں۔ انھوں نے فلموں کے لیے کہانیاں اور مکالمے لکھے۔ ان کے مکالمے پسند کیے گئے اور فلموں کی کامیابی میں حصہ دار بنے۔ بحیثیت مکالمہ نگار ان کی کامیاب فلمیں امانت، پھر کب ملوگی، ابھیمان، جوالا، عزت، میرے ہمدم میرے دوست، بہاروں کے سپنے، بہو بیٹی، میرے صنم، پھول سے انگارے، مدھومتی، مسافر، مرزا غالب، دلربا وغیرہ ہیں۔

خواجہ احمد عباس نے چالیس سال تک فلموں میں کام کیا۔ اس اثنا میں انھوں نے تقریباً پچاس فلموں کے لیے کہانی، منظر نامے، مکالمے، فلم سازی اور ہدایت کاری کی۔ ان پچاس فلموں میں سے بہت سی فلمیں خود کی ہی تھیں تو کچھ فلمیں دوسرے فلم سازوں اور ہدایت کاروں کی تھیں۔ کسی فلم کے وہ صرف کہانی کار یا مکالمہ نگار تھے۔

قادر خان فلم اداکار کے طور پر خاص و عام میں مقبول نام ہے۔ قادر خان نے بحیثیت اداکار فلم انڈسٹری میں اپنی شناخت مستحکم بنائی اور انھوں نے فلم 'جوانی دیوانی' سے اب تک فلموں سے وابستہ ہو کر خوب نام کمایا۔ فلموں میں آنے سے قبل اپنے طالب علمی کے زمانے میں وہ ڈرامہ لکھا کرتے تھے اور خود ڈرامے کا کردار بھی نبھاتے تھے۔ کہا جاتا ہے کہ ان مکالموں سے متاثر ہو کر راجندر سنگھ بیدی اور ان کے صاحب زادے سریندر بیدی نے اپنی فلم 'جوانی دیوانی' کے مکالمے لکھنے کو تیار کیا۔ اس وقت سے قادر خان بحیثیت مکالمہ نگار مشہور ہو گئے۔ فلم 'روٹی' کے مکالمے اتنے جاندار تھے کہ اس وجہ سے یہ فلم زبردست کامیاب ہوئی۔ انھوں نے 'امر اکبر انتھونی' کے مکالمے لکھے جو اس سال سپر ہٹ فلم ثابت ہوئی۔ نصیب، قلم، پرورش، مرد، آتش، مقدر کا سکندر، دلہے راجا، جیسی کرنی ویسی بھرنی، انقلاب، سپوت وغیرہ فلموں کے مکالمے ان کے قلم کی جادوگری ہے۔ ان کے تحریر کردہ مکالمے امیتابھ بچن اور دلیپ کمار نے ادا کیے تو فلم کی اسکرپٹ نے کمال پیدا کر دیا۔ محمد جاوید مولانے بالکل صحیح لکھا ہے:

"جب ان سے پوچھا گیا کہ امیتابھ بچن کو سلیم جاوید کے بعد آپ نے مکالموں کے ذریعے کامیابی دلائی اس بارے میں ان کا کہنا ہے، میرے مکالمے سوناتھے جسے امیتابھ بچن نے اپنی آواز کے ذریعے کندن بنایا۔ مجھے امیتابھ جی کے ساتھ کام کر کے لطف آیا۔ میں نے ان کے مکالموں کی ادائیگی میں بہت مدد کی۔"

(ہندوستانی فلم کا آغاز و ارتقا، جلد دوم، ص ۳٦)

قادر خان نے با موقع اور با وزن مکالمے لکھے۔ اختصار کی جامعیت ان کے یہاں دیکھتے ہی بنتی ہے۔ چند مکالمے دیکھیے:

"دکھ جب ہماری کہانی سنتا ہے تو خود دکھ کو بھی دکھ ہوتا ہے۔" (فلم: باپ نمبری بیٹا دس نمبری)

"زندگی میں طوفان آئے، قیامت آئے..... مگر کبھی دوستی میں درار نہ آنے پائے۔" (فلم: آتش)

"سکھ تو بے وفا ہے... چند دنوں کے لیے آتا ہے اور چلا جاتا ہے۔" (فلم: مقدر کا سکندر)

"دولت کا کیا ہے، وہ تو آتی جاتی رہتی ہے... مگر بیٹی تو گھر کی عزت ہے... اور عزت ایک بار چلی جائے تو وہ لوٹ کر نہیں آیا کرتی۔" (فلم: دلہے راجا)

"حرام کی دولت انسان کو شروع شروع میں سکھ ضرور دلاتی ہے... مگر بعد میں لے جا کر ایک ایسے دکھ کے ساگر میں دھکیل دیتی ہے... جہاں مرتے دم تک سکھ کا کنارا کبھی نظر نہیں آتا۔" (فلم: جیسی کرنی ویسی بھرنی)

قادر خان نے ذو معنی مکالمے بھی لکھے جن میں طنز کی گہری چھاپ ہوتی ہے انھوں نے مزاحیہ انداز کے مکالمے بھی تحریر کیے۔ ان کی اداکاری میں ڈائیلاگز قہقہہ لگانے کو مجبور کرتے ہیں وہ واحد فنکار و اداکار ہیں جن کے دل میں نئے لکھنے والوں کے لیے ہمدردی ہے۔ ان کی فلم 'توسی گریٹ ہو پاپا جی' کے مکالمے نے شائقین کا دل جیت لیا۔ قادر خان نے اردو زبان کی چاشنی سے لبریز مکالمے لکھ کر اس پیاری زبان کا جادو فلموں میں بکھیرا۔

گلزار فلم سے وابستہ ایک ایسی کثیر الجہات شخصیت کا نام ہے جنھوں نے سنیما کے

خدوخال سنوارنے میں نمایاں کردار نبھایا۔ ان کو تین بار قومی ایوارڈ سے نوازا گیا۔ انھوں نے متعدد فلموں کے لیے مکالمے لکھے۔

جاوید اختر کے مکالمے فلموں کی کامیابی کی ضمانت مانے جاتے ہیں۔ وہ نغمہ نگار اور شاعری کی حیثیت سے اردو ادب میں جانے پہچانے جاتے ہیں۔ سلیم خان کے ساتھ ان کی جوڑی کافی مشہور تھی۔ سلیم جاوید کی جوڑی نے ہندوستانی سنیما میں ایک نئی تاریخ رقم کی۔ شائقین ان کے مکالمے سننے کے لیے ہی تھیٹر تک آتے تھے۔ انداز، ادھیکار، ڈان، ہاتھ کی صفائی، سیتا اور گیتا، یادوں کی بارات، زنجیر، دیوار، شعلے، مجبور، ایمان دھرم، کالا پتھر، دوستانہ، ترشول، زمانہ، شان، کرانتی، شکتی، مسٹر انڈیا وغیرہ مشہور زمانہ فلمیں ان کے ڈائیلاگز کی وجہ سے کامیاب رہیں۔ سلیم جاوید کی مشترکہ کارکردگی نے انھیں ۱۳ فلم فیئر ایوارڈ سے نوازا۔ یہ دونوں بے حد کامیاب مکالمہ نویس مانے جاتے رہے ہیں۔ شاعر ہونے کی وجہ سے ان کی نثر میں شاعری کی سی خوبی در آئی ہے۔ وہ جب مکالمے تحریر کرتے ہیں تو الفاظ کے انتخاب میں شاعری کی طرح محتاط ہوتے ہیں۔ نتیجہ یہ ہوتا ہے کہ مکالمے کانوں میں رس گھولتے ہیں اور بااثر بھی معلوم پڑتے ہیں۔ ان کی مقبول فلموں سے چند مکالمے پیش کرتا ہوں جن سے اندازہ ہو سکتا ہے کہ ان کے یہاں اردو زبان کی جادوگری ہے۔

"جاؤ پہلے اس آدمی کا سائن لے کر آؤ جس نے میرے باپ کو چور کہا تھا۔ پہلے اس آدمی کا سائن لے کر آؤ جس نے میری ماں کو گالی دے کر نوکری سے نکال دیا تھا۔ پہلے اس آدمی کا سائن لے کر آؤ جس نے میرے ہاتھ پر یہ... یہ لکھ دیا تھا... یہ، اس کے بعد میرے بھائی تم جہاں کہوگے میں وہاں سائن کر دوں گا۔" (فلم: دیوار)

"یہ تمھارے باپ کا گھر نہیں، پولیس اسٹیشن ہے، اس لیے سیدھی طرح کھڑے

رہو۔"(فلم: دیوار)

"صحیح بات کو صحیح وقت پر کہا جائے تو اس کا مزہ ہی کچھ اور ہے اور میں صحیح وقت کا انتظار کرتا ہوں۔"

(فلم: ترشول)

"سپنے بھی سمندر کی لہروں کی طرح حقیقت کی چٹانوں سے ٹکرا کر ٹوٹ جاتے ہیں۔"(فلم: دیوار)

"زندگی کا تمبو تین بمبو پر کھڑا ہے۔"(فلم: شرابی)

ان کے علاوہ کرشن چندر، سعادت حسن منٹو، کمال امروہی، ہمانشو شرما، وجاہت مرزا، راہی معصوم رضا، رامانند ساگر، ڈاکٹر اچلا ناگر، آدتیہ چوپڑا نے فلموں میں جو مکالمے پیش کیے ان کی سماعت سے واضح ہوتا ہے کہ اردو زبان کا مزاج ہنوز قائم ہے۔ اس کے ساتھ ہی فلمی دنیا میں اردو کے ادبا بطور خاص شعرا کی مانگ بڑھنے لگی۔ ایک وقت ایسا بھی آیا کہ فلمستان میں شعرا و ادبا کا جمگھٹا رہنے لگا۔ بے شمار نغمہ نگار، کہانی کار، افسانہ نویس منظر نامہ لکھنے والے ادبا و شعرا یہاں چھا گئے۔ فلم کی کہانی اسکرین پلے اور مکالمے لکھنے کے لیے بھی ادبا سے کام لیا جانے لگا۔ واضح رہے کہ ان حضرات سے پہلے یہ کام منشی سے لیا جاتا تھا۔ ادبا و شعرا کی فلم سے وابستگی نے فلموں کے معیار کو بلند کیا۔

ہندوستانی فلموں کی ایک صد سالہ تاریخ کا مطالعہ کرنے سے واضح ہوتا ہے کہ 'عالم آرا' سے اب تک کی فلموں میں مکالمے کی حیثیت کلیدی رہی ہے۔ بے حد کامیاب فلمیں یا باکس آفس پر سپر ہٹ ہونے والی فلموں کی کامیابی کی وجہ اگر تلاش کی جائے تو جہاں دوسرے اجزا کا نام آئے گا وہیں مکالمے کو کسی طور پر نظر انداز نہیں کیا جا سکتا ہے۔

***

ڈراما 'انار کلی' اور فلم 'مغل اعظم' ایک تجزیاتی مطالعہ

افسانہ حیات

ڈراما انار کلی اور فلم مغل اعظم دونوں کا تانا بانا عشق کے روایتی قصے پر بنا گیا ہے، جس میں ایک ادب کی آغوش میں پناہ گزیں ہے تو دوسرا ہندی سیمیں پردے پر جلوہ افروز۔ فلم 'مغلِ اعظم' مغل شہنشاہ جلال الدین اکبر کے دورِ حکومت ۱۵۵۶ تا ۱۶۰۶ میں مغلیہ سلطنت کے جاہ و جلال اور شاہی محل سرا کی ایک کمسن خوبصورت کنیز 'انار کلی' اور شہزادہ سلیم کے عشق کی داستان ہے۔ اس کا ماخذ امتیاز علی تاج کا ڈراما 'انار کلی' ہے۔ امتیاز علی تاج نے ڈراما 'انار کلی' ۱۹۲۲ میں تصنیف کیا تھا مگر کتابی شکل میں پہلی بار ۱۹۳۲ میں شائع ہوا۔ ڈراما انار کلی کے بارے میں عام خیال یہی ہے کہ یہ ایک روایتی قصہ ہے، امتیاز علی تاج نے خود بھی اس بات کا اعتراف کیا ہے:

"میرے ڈراما کا تعلق ایک روایت سے ہے۔ انار کلی کی فرضی کہانی سنتے رہنے سے حسن و عشق اور ناکامی و نامرادی کا جو ڈراما میرے تخیل نے مغلیہ حرم کی شوکت و تجمل میں دیکھا اس کا اظہار ہے"

(امتیاز علی تاج، دیباچہ ڈراما انار کلی، ص ۷، ۱۹۱۳)

ڈراما انار کلی اردو ڈرامے کا شاہکار ہے۔ 'انار کلی' کی شہرت اور مقبولیت کا اندازہ اس بات سے بھی لگایا جا سکتا ہے کہ فلموں کے خاموش دور سے موجودہ عہد تک اس قصے نے

بڑے نامور فلم سازوں کو متاثر کیا ہے جس کے نتیجے میں اس قصّے پر کئی فلمیں بنیں اور کچھ بے حد مقبول بھی ہوئیں۔ ان فلموں سے انار کلی کے قصے کو عوام و خواص میں بڑی شہرت و مقبولیت حاصل ہوئی مگر تمام شہرت و مقبولیت کے باوجود اس ڈرامے کی ڈرامائیت اور اسٹیج کے حوالے سے عام خیال یہ ہے کہ ڈراما 'انار کلی' کو آج تک کامیابی کے ساتھ اسٹیج نہیں کیا جا سکا جس کے لیے بعض نقادوں نے اس کی ادبیت، مناظر، مکالموں، طوالت وغیرہ کو تنقید کا نشانہ بنایا ہے۔ ڈراما کے معتبر نقاد عشرت رحمانی ڈراما 'انار کلی' کی ادبی شان اور اسٹیج کی معنویت کو ثابت کرتے ہوئے ان اعتراضات کو قابلِ قبول نہیں گردانتے اور وہ یہ کہتے ہیں کہ:

"بعض ناقدین نے غور و فکر کے بغیر 'انار کلی' کے بارے میں رائے زنی کی ہے کہ وہ مروجہ اسٹیج پر اس لیے نہیں کھیلا جا سکا کہ اس کی غیر معمولی طوالت اور ادبی شان اسٹیج کے لیے ناقابلِ قبول تھی حالانکہ یہ حقیقت نہیں ہے۔ مدّت یا دوران کے اعتبار سے ان تمام مروجہ ڈراموں سے تقریباً نصف ہے۔ جو اس دور میں اسٹیج پر کھیلے جاتے تھے۔ مکمل ڈراما نہایت اطمینان سے تین گھنٹے کی مدّت میں کھیلا جا سکتا ہے"

(عشرت رحمانی، اردو ڈراما کا ارتقا، ص ۳۴۵)

ان اعتراضات سے قطع نظر عشرت رحمانی ڈراما 'انار کلی' کو دورِ جدید کا نقشِ اول قرار دیتے ہوئے ڈرامے کو ادبیت، زبان کی خوبی، مکالموں کی چستی اور ڈرامائیت کے لحاظ سے لاجواب ڈراما مانتے ہیں وہ 'انار کلی' کے اسٹیج کیے جانے کے حوالے سے ڈراما کمپنیوں کی مصلحتوں کو ذمہ دار ٹھہراتے ہیں:

"تاج نے ۱۹۲۲ میں اپنا وہ شاہکار لکھا جو اردو ڈراما نگاری کے دورِ جدید کا نقشِ اول اور سنگِ میل تصور کیا جاتا ہے۔ یہ ڈراما پہلی بار ۱۹۳۲ میں دارالاشاعت پنجاب لاہور کے

اہتمام سے شائع ہوا۔ حقیقت یہ ہے کہ 'انار کلی' فنی عروج اور دلکش ادبیت کے لحاظ سے بے مثال کارنامہ ہے۔ زبان کی خوبی، مکالموں کی چستی اور برجستگی اور ڈرامائی تدبیر گری کی نادرہ کاری لاجواب ہے۔ ڈراما کئی باوقار ناٹک کمپنیوں نے کھیلنے کا ارادہ کیا خصوصاً باکل بھارت کمپنی کے ذی ہوش اصحاب قیام لاہور کے دوران میں اسے تمثیل کرنے کے بڑے خواہش مند تھے لیکن ان میں سے اکثر اپنی محدود ضروریات کے پیشِ نظر اصل ڈراما میں چند تبدیلیوں کے طالب تھے۔ تاج صاحب نے نام نہاد مصلحتوں پر اپنے فنی شاہکار کو قربان کر دینا ہرگز گوارہ نہ کیا" (عشرت رحمانی اردو ڈراما کا ارتقا، ص ۳۴۵)

امتیاز علی تاج خود بھی اس بات کی وضاحت کرتے ہیں:

"میں نے انار کلی ۲۲ عیسوی میں لکھا تھا۔ اس کی موجودہ صورت میں تھیٹروں نے اسے قبول نہ کیا۔ جو مشورے ترمیم کے لیے پیش کیے انھیں قبول کرنا مجھے گوارہ نہ ہوا۔"

(سید امتیاز علی تاج، ڈراما انار کلی، دیباچہ، ص ۵ ہمالہ بک ہاؤس پہاڑی بھوجلہ دہلی ۶)

ڈراما 'انار کلی' کو بھلے ہی اسٹیج پر کامیابی کے ساتھ نہ کھیلا گیا ہو لیکن ادب کی آغوش اور فلم کے سنہرے پردے پر اس قصّے نے بڑی خوبصورتی اور کامیابی کے ساتھ عوام کے دلوں پر حکومت کی ہے۔ فلموں کے خاموش دور سے موجودہ عہد تک 'انار کلی' کے اس رومانی قصے نے بڑے نامور فلم سازوں کو متاثر کیا ہے۔

۱۹۱۲ سے ۱۹۳۰ تک خاموش فلموں کا دور رہا ہے۔ ۱۹۲۷ میں گریٹ ایسٹرن کارپوریشن پنجاب (لاہور) نے ڈراما 'انار کلی' کی بنیاد پر (Love of a great Mughal Prince) کے عنوان سے خاموش فلم بنائی۔ مگر اردشیر ایرانی نے بہت کم وقت میں 'انار کلی' کے عنوان سے ایک فلم بنا کر نمائش کے لیے پیش کر دی، اس وقت تک فلم انڈسٹری کاپی رائٹ ایکٹ سے نا آشنا تھی۔ اس فلم کو زبردست کامیابی حاصل ہوئی۔ چند ماہ بعد

جب(Love of a great Mughal Prince)ریلیز ہوئی تو عوام نے اسے 'انار کلی' کا چربہ مان کر ٹھکرا دیا۔ یہ دونوں فلمیں خاموش تھیں۔ ۱۹۳۱ میں اردشیر شیرانی نے پہلی ناطق فلم 'عالم آرا' بنائی تو ۱۹۳۴ میں 'انار کلی' کو بھی زبان عطا کی۔ یہ فلم بے حد کامیاب رہی۔ اس فلم کی اسکرپٹ اور مکالمے امتیاز علی تاج نے لکھے۔ ۱۹۵۳ میں نند لال جسونت لال کی ہدایت میں 'انار کلی' کے عنوان سے ایک اور کامیاب فلم بنی جس میں مرکزی کردار پر دیپ کمار اور بینا رائے نے ادا کیے۔ اس طرح انار کلی کے اس قصّے پر وقت وقت پر فلمیں بنتی رہیں۔

سب سے اہم اور کامیاب فلم ۱۹۶۰ میں ہدایت کار کمال الدین آصف کی ہدایت میں بنی فلم 'مغلِ اعظم' ہے۔ کے آصف پہلی مرتبہ 'مغلِ اعظم' میں نرگس (انار کلی) چندر موہن (اکبر) اور شہزادہ سلیم آصف جینت (امجد خان) کو لے کر فلم بنا رہے تھے، فلم کی کافی شوٹنگ بھی ہو چکی تھی مگر اچانک چندر موہن بیمار ہوئے اور اس دنیا کو الوداع کہہ دیا اور اس طرح یہ فلم مکمل نہ ہو سکی۔ ۱۹۴۶ میں کے آصف نے 'مغلِ اعظم' دوبارہ شروع کی تو پورا سیٹ اب بدلا گیا۔ کے آصف نے اس فلم کو بنانے میں جی جان لگا دی۔ اس فلم کی ایک خاص بات یہ بھی تھی کہ اردشیر ایرانی (خاموش اور ناطق) انار کلی کے خالق کے بیٹے شاپور جی نے اس فلم کو فائنانس کیا۔ اس کی نوک پلک سنوارنے میں کے آصف نے ۱۴ سال کا طویل عرصہ اور تقریباً ڈیڑھ کروڑ کی رقم صرف کی، جبکہ اس دور میں دس لاکھ میں فلمیں بن جایا کرتی تھیں۔ کے آصف نے فلم میں چھوٹی سے چھوٹی چیز کو بھی نظر انداز نہیں کیا۔ اس پر وقت، پیسہ اور پوری توجہ صرف کی۔ اس فلم 'مغلِ اعظم' میں دلیپ کمار، مدھو بالا، پرتھوی راج کپور، درگا کھوٹے، اجیت، جانی واکر جیسے ستاروں نے اپنی اداکاری کے جوہر دکھائے۔ فلم کی اسکرپٹ امان اللہ خان، مکالمے احسن

رضوی، کمال امروہی، وجاہت مرزا نے لکھے۔ موسیقی نوشاد اور گیت شکیل بدایونی نے تخلیق کیے۔ اس فلم کے گیت بہت مشہور و مقبول ہوئے خاص طور پر مدھوبالا 'انارکلی' پر فلمایا ہوا گیت 'جب پیار کیا تو ڈرنا کیا' بہت زیادہ مشہور ہوا۔ اس فلم میں بات اداکاری کی ہو، اسکرپٹ کی ہو، مکالموں کی یا پھر گیت اور سنگیت کے تمام فن کار اعلیٰ درجے صلاحیت کے مالک تھے۔ کے آصف نے اس فلم میں فلمی دنیا کے درخشاں ستارے چن چن کر انارکلی کے آنچل میں ٹانک دیے تھے۔

امتیاز علی تاج نے 'ڈراما انارکلی '۱۹۲۲ء میں تخلیق کیا۔ ۱۹۶۰ء میں کے آصف نے اس ڈرامے کو فلمی پردے پر پیش کر کے لافانی بنا دیا۔ فلم مغلِ اعظم کو پلاٹ، مکالمہ نگاری، کردار نگاری، موسیقی، رقص، کاسٹیوم وغیرہ ہر لحاظ سے کامیاب فلم کہا جا سکتا ہے۔ مغلِ اعظم کا پلاٹ عشق کی بے لوث داستان اور مغلیہ سلطنت کے جاہ و جلال کے ارد گرد بنا گیا ہے۔ جس میں عشق پابندِ وفا اور سلطان پابندِ اصول ہے۔ دونوں اپنی اپنی جگہ ثابت قدم ہیں نہ عشق بے وفائی کرتا ہے نہ فرض اپنے اصولوں سے منہ پھیرتا ہے۔ کسی بھی ڈراما یا فلم کا بنیادی جز اس کی کہانی اور اس میں پیوست اس کے کردار ہوتے ہیں جو اسے مشہور و مقبول اور لازوال بناتے ہیں۔ امتیاز علی تاج کا ڈراما انارکلی اور کے آصف کی ہدایت کاری میں بنی فلم مغلِ اعظم کا قصہ اور کردار ایک دوسرے سے بڑی خوبصورتی کے ساتھ مربوط و منسوب نظر آتے ہیں۔

فلم 'مغلِ اعظم' اور ڈراما 'انارکلی' دونوں ایک ہی قصے پر مبنی ہیں۔ مگر کے آصف نے فلم میں کئی مقامات پر حذف و اضافے سے کام لیا ہے۔ دونوں کی کہانی بادشاہ اکبر، شہزادہ سلیم اور کنیز انارکلی کے ارد گرد گھومتی نظر آتی ہے۔ یہ ایک عشقیہ داستان ہے جس میں ہندوستان کے ہونے والا ولی عہد شہزادہ سلیم محل کی ایک کنیز کے عشق میں اس درجہ

گرفتار ہو جاتا ہے کہ مغلیہ سلطنت اور بادشاہ جلال الدّین اکبر کے جاہ و جلال سے بے خوف بغاوت کا علم بلند کر دیتا ہے۔ سلیم کی شخصیت میں شاعرانہ اور عاشقانہ خمیر گھلا ہے۔ یہ باغیانہ مزاج اور عاشقانہ خمار مغلیہ سلطنت میں ایک ایسا زلزلہ بن کر ابھرتا ہے جو بادشاہِ وقت اکبر اور ہندوستان کے ولی عہد شہزادہ سلیم کو میدانِ جنگ میں ایک دوسرے کے روبرو لا کھڑا کرتا ہے۔ جہاں ایک طرف ہندوستان کا جلیل القدر بادشاہ اکبرِ اعظم ہے تو دوسری جانب ایک کنیز کے عشق کے نشے میں مدہوش باغی شہزادہ۔ جس کی سلطنت اور زندگی کا مقصد عشق کے علاوہ دوسرا کچھ نہیں۔

ڈراما انارکلی اور فلم مغلِ اعظم کے قصے میں جو بنیادی جز ہے وہ عشق کی فتح ہے جو بظاہر محبت کی ہار مگر اصل میں سچی محبت کی جیت ہے۔ ڈراما انارکلی اور فلم مغلِ اعظم کی پیش کش، کہانی کردار، واقعات وغیرہ میں کئی مقامات پر فرق واضح طور پر نظر آتا ہے۔ اگر ڈراما انارکلی اور فلم مغلِ اعظم کے قصے کے حوالے ہی سے گفتگو کریں تو جس طرح ڈرامے میں کہانی کی ابتدا میں محل کا شاہانہ ماحول، تہذیب کنیزوں کی ہنسی ٹھٹھولی، چھیڑ چھاڑ کی خوشگوار فضا کو پیش کیا گیا ہے۔ فلم مغلِ اعظم میں کہانی کی ابتدا اکبر اعظم کے محل سے نہیں بلکہ تپتے صحرا میں اکبر کے اس سفر سے ہوتی ہے جس میں لا ولد بادشاہ اکبر اپنے ایک بڑے لشکر کے ساتھ مزار پر اولاد کے لیے منّت مانگنے جاتا ہے دعا قبول ہوتی ہے محل میں ڈھول تاشے بجتے ہیں اور بلائیں لی جاتی ہیں۔ اسی خوشی میں اکبر سلیم کی ولادت کی خبر دینے والی محل کی ایک کنیز کو کچھ مانگ لینے کی بات کرتا ہے یہ کنیز دراصل انارکلی کی ماں تھی جو بعد میں اس وعدے کے بدلے میں انارکلی کی زندگی بخشوا لیتی ہے۔ مگر امتیاز علی تاج کے ڈرامے میں اس واقعہ کا کوئی ذکر نہیں ملتا۔ اسی طرح فلم میں اکبر اور سلیم کے درمیان جنگ کے میدان کے واقعات کو جس طرح کے آصف

نے فلم کے پردے پر اتارا ہے تاج کے ڈرامامیں ان واقعات کی وضاحت نہیں ملتی۔ ان واقعات کے علاوہ بہت سے واقعات ہیں جنھیں کے آصف نے فلم کے پیرائے میں خوبصورتی کے ساتھ پیش کیا ہے۔ مگر کچھ اہم واقعات کا تذکرہ کے آصف نہیں کرتے جس میں انارکلی کے زندہ دیوار میں چنوانے کے بعد اکبر کی پشیمانی اور مجبور باپ کی شفقت اور لاچاری کا منظر بڑی اہمیت کا حامل ہے۔ اس طرح کے اہم اور چھوٹے چھوٹے واقعات فلم کے قصے کو ڈراما کے قصے سے ذرا مختلف کر کے پیش کرتے ہیں۔ جن کی مختلف وجوہات ہیں۔ اس سے فلم کی دلکشی، دلچسپی اور کامیابی پر کوئی فرق نہیں پڑتا۔

فلم مغلِ اعظم اور ڈراما انارکلی کے کرداروں کے حوالے سے گفتگو کریں تو جس طرح امتیاز علی تاج نے اپنے ڈرامامیں اکبر، سلیم اور انارکلی کے مرکزی کرداروں کے ساتھ رقابت کے جذبے سے بھرپور دلآرام کا کردار بہت جاندار ہے۔ ساتھ ہی انارکلی کی بہن ثریا، سلیم کا دوست بختیار، اور ماں جودھابائی کے کرداروں کو بڑی خوبصورتی سے پیش کیا ہے۔ کنیزوں میں عنبر، زعفران، ستارہ وغیرہ کے کردار بھی کہانی میں حرکت و دلچسپی برقرار رکھنے میں کامیاب نظر آتے ہیں۔ فلم اور ڈراما انارکلی کے کرداروں میں سب سے زیادہ متحرک اور متصادم اکبر، سلیم اور انارکلی کے کردار نظر آتے ہیں۔ ڈراما انارکلی کا سلیم ایک شہزادہ، ایک خود سر بیٹا، ایک کنیز کے عشق میں دیوانہ باغی عاشق ہے جو محبت کے لیے سب کچھ قربان کرنے کو تیار ہے۔ فلم مغلِ اعظم کا سلیم بھی انھیں خصوصیات کا حامل ہے۔ مگر اس میں فرق یہ ہے کہ جہاں امتیاز علی تاج کا سلیم ماں باپ سے محبت کے جذبات سے عاری نہیں، جبکہ مغلِ اعظم کا سلیم ان جذبات و احساسات سے ایک دم عاری نظر آتا ہے۔ اس پر ماں باپ کی محبت کا کوئی دلی احساس نہیں ہوتا اگر اس کو کسی سے محبت ہے تو وہ صرف انارکلی سے جس کے لیے وہ مغلیہ سلطنت اور بادشاہ اکبر سے ہی نہیں

بلکہ اپنے باپ سے کھلی بغاوت کر بیٹھتا ہے۔ حالانکہ اس کے برعکس اکبر کا کردار فلم اور ڈراما دونوں میں ایک فرض شناس بادشاہ کے علاوہ باپ کی شفقت اور محبت کے جذبات سے عاری نہیں بلکہ وہ اپنے فرض کے تئیں مجبور ہے۔ جس میں اس کی مجبوری اور لاچاری کا احساس اس وقت بہت گہرا ہو جاتا ہے جب وہ انارکلی کو دیوار میں چنوا کر اپنے بیٹے شیخو کے سامنے بے قابو ہو کر رو پڑتا ہے۔ یہ اکبر کے کردار کا روشن پہلو بھی ہے اور فطری جذبہ بھی۔ اسی طرح ڈراما اور فلم دونوں میں انارکلی کا کردار ایک خوبصورت اور وفا کا مجسمہ ہے جو اپنی خوبصورتی، وفاداری، قربانی اور مظلومیت کی وجہ سے لوگوں کے دلوں میں جگہ بنا لیتی ہے۔

کسی بھی فلم یا ڈراما میں قصے اور کرداروں کے علاوہ اسے لازوال بنانے میں اس کے مکالمے بڑا اہم رول ادا کرتے ہیں، مکالمے اگر بے جان غیر مربوط ہوں تو فلم یا ڈراما اپنا اصل تاثر ناظرین پر نہیں چھوڑ پاتے۔ اس لحاظ سے امتیاز علی تاج کا ڈراما انارکلی اور کے آصف کی فلم مغلِ اعظم بھرپور ہے۔ ڈراما 'انارکلی' اور فلم 'مغلِ اعظم' کے چند مکالمے ملاحظہ ہوں۔

ڈراما: اکبر بادشاہ۔ مجھے چھومت، ایک دفعہ باپ کہہ دے۔ صرف ابا کہہ کر پکار لے میں تجھے خنجر تک لا دوں گا۔ خنجر اس کے سینے میں بھونک دینا۔ پھر تو دیکھے گا اور دنیا بھی دیکھے گی کہ اکبر باہر سے کیا ہے اور اندر سے کیا ہے، اکبر کا ستم اور اکبر کا ظلم کیوں ہے۔ اس کے خون میں بادشاہ کا ایک قطرہ نہیں ایک بوند نہیں وہ سب کا سب شیخو کا باپ۔ صرف باپ۔ وہ باشاہ ہے تو تیرے لیے۔ وہ تیرا غلام ہے اور میرے جگر کے گوشے غلاموں سے غلطیاں بھی ہو جاتی ہیں۔

فلم۔ بادشاہ اکبر: بخدا ہم محبت کے دشمن نہیں، اپنے اصولوں کے غلام ہیں۔

فلم۔مان سنگھ : جنگ کے میدان میں تلوار سپاہی کے ہاتھ میں دی جاتی ہے،مایوس عاشق کے ہاتھ میں نہیں۔

فلم۔ شہزادہ سلیم: میرا دل آپ کا ہندوستان نہیں جس پر آپ کی حکومت چلے۔

ڈراما۔ بادشاہ اکبر: اس بے باک عورت کو لے جائو۔ اور زنداں میں ڈال دو۔

فلم۔ انارکلی: انارکلی جلال الدین محمد اکبر کو اپنا خون معاف کرتی ہے۔

فلم 'مغلِ اعظم' میں کے آصف نے زبان و بیان اور ادبیت کا خاص خیال رکھا ہے ساتھ ہی کردار نگاری، مکالمے اور مقامات کے ساتھ مناظر، کاسٹیوم، زیورات وغیرہ پر خاصی توجہ صرف کی ہے۔

سید اخلاق اثر امتیاز علی تاج کے ڈراما ' انارکلی' کی اہمیت اور فلم 'مغلِ اعظم' کی شہرت و مقبولیت اور اس کی کامیابی کا احوال بیان کرتے ہوئے لکھتے ہیں:

" امتیاز علی تاج نے ڈراما لکھ کر انارکلی کو حیات جاوداں عطا کر دی۔ ان کے ڈرامے سے متاثر فلم مغلِ اعظم کو امرتسر سے ٹیلی کاسٹ کیا گیا تو امتیاز اور انارکلی کے شہر کی سڑکیں اور گلیاں سنسان ہو گئیں اور ٹیلی ویژن سیٹوں پر آبادیاں سمٹ گئیں"

(سید حیدر عباس رضوی، اردو ڈراما اور انارکلی، دیباچہ سید اخلاق اثر، ص ۱۹۷۶)

یہ بات درست ہے کہ کے آصف نے فلم 'مغلِ اعظم' بنا کر اس قصّے کو ہی نہیں بلکہ مغلوں کی شان و شوکت، جاہ و جلال، تہذیب و تمدّن کو ہر خاص و عام سے روبرو کرا دیا۔ اس فلم کی مقبولیت کا عوام پر اتنا گہرا اثر ہوا کہ اب خاص و عام ان مکالموں کو اپنی گفتگو میں استعمال کرنے لگے۔ جہاں پناہ، ظلِ الٰہی، مہابلی، شہزادے، کنیز، تخلیہ، اقبال بلند وغیرہ جملے خاص و عام کی زبان پر رواں ہو گئے۔ لہٰذا کہہ سکتے ہیں کہ جس طرح ڈراما انارکلی کا موضوع، اس کے بے مثال کرداروں اور طویل مگر جاندار مکالموں کی وجہ سے

ادب اور ہندوستان کے پردہ سیمیں پر لازوال ہے۔ امتیاز علی تاج نے ادب کے شیدائیوں کو ڈراما 'انارکلی' لکھ کر اور کے آصف نے فلم 'مغلِ اعظم' بنا کر ناظرین کو حسین تحفے دیے ہیں۔

***

ڈراما 'انارکلی' پر مبنی فلمیں

اشفاق احمد عمر

ڈراما 'انارکلی' تاج کا شاہکار ہے اور جسے ڈرامے کی دنیا میں سنگ میل کی حیثیت دی گئی ہے۔ علامہ اقبال یہ کہتے ہیں کہ 'انارکلی' کی زبان میں روانی اور اندازِ بیان میں دلفریبی پائی جاتی ہے۔ پریم چند انارکلی کے سلسلے سے یہ کہتے ہوئے نظر آتے ہیں کہ "مجھے جتنی کشش 'انارکلی' میں ہوئی وہ اور کسی ڈرامے میں نہیں ہوئی۔" محمود الٰہی تو اس حد تک کہنے سے گریز نہیں کرتے کہ: "امانت سے لے کر آغا حشر تک ڈراما ایک بھی ایسا کردار نہ پیدا کر سکا جس میں ہمیشہ رہنے والی قدریں ہوں۔ تاج نے ایک ایسے کردار کی تخلیق کی ہے جس پر کبھی زوال نہ آئے گا انارکلی سے بڑھ کر آج تک اردو ڈرامے کو کوئی کردار نہ ملا۔" تاج کا ڈراما 'انارکلی' پلاٹ، کردار، مکالمہ، زبان و بیان، پیش کش ہر اعتبار سے لافانی ہے تبھی تو آج تک اس ڈرامے پر زوال نہ آسکا اور آغا حشر کاشمیری کو یہ کہنا پڑا کہ: میں سمجھتا تھا حشر کے بعد ڈراما ختم ہو جائے گا لیکن اردو ڈرامے کے بہار کے دن تاج کے ڈرامہ 'انارکلی' سے آرہے ہیں۔

انارکلی کے بارے میں یہ جاننا ضروری ہے کہ یہ ڈراما ایک فرضی داستان پر مبنی ہے۔ جس بات کا اعتراف اس ڈرامے کے مصنف سید امتیاز علی تاج (۱۳ اکتوبر ۱۹۰۰ء۔ ۱۹ اپریل ۱۹۷۰ء) نے ڈرامہ انارکلی کے دیباچے میں کیا ہے۔ مصنف کے اس طرح بے باکانہ

اعتراف کے باوجود ڈراما اگریوں شہرت و مقبولیت حاصل کرلے اور قاری کے ذہن و دماغ اور آنکھوں کے سامنے مغلیہ عہد کی ۴۰۰ سالہ تاریخ کو رکھ دے تو یقیناً اس بات کو کہا جاسکتا ہے کہ تاج نے اس ڈرامے میں روح پھونکی ہے جو آج بھی تمام ناظرین و سامعین کے دلوں پر راج کرتا ہے۔ اصل میں تاج نے یہ ڈرامہ اس وقت لکھا جب وہ ۱۹۲۲ میں گورنمنٹ کالج لاہور سے بی اے کر رہے تھے۔ تاج کو ڈرامہ سے بڑی دلچسپی تھی اسی کے باعث وہ کالج کے ہر پروگرام میں اپنی موجودگی درج کرواتے اور ڈرامہ نگاری کے فن سے روشناس ہوتے۔ ڈرامہ انارکلی اسی کالج کا ثمرہ ہے جو انھیں تحفے میں ملا۔ تاج نے یہ ڈرامہ ۱۹۲۲ میں لکھا لیکن اپنے بزرگوں کے مشورے سے اس ڈرامے کو ۱۹۳۲ میں منظر عام پر لائے۔ اس وقت انارکلی ڈرامے کی مقبولیت کا اندازہ آپ اس بات سے لگا سکتے ہیں کہ تاج کی زندگی میں یہ ڈرامہ تقریباً ۹ بار شائع ہوا۔ اس واقعہ کا ذکر ڈاکٹر سلیم اختر کچھ اس انداز میں کرتے ہیں:

"انارکلی شائع ہوئی تو ہاتھوں ہاتھ لی گئی، اس لیے مدیر نیرنگ خیال نے اپنے تبصرے میں لکھا "پہلا ایڈیشن مہینوں نہیں دنوں میں ختم ہوتا نظر آتا ہے، اس لیے خریدنے والے جلدی کریں، ورنہ دوسرے ایڈیشن کا انتظار کرنا پڑے گا۔ انارکلی پہلی بار ۱۹۳۲، دوسری بار ۱۹۳۴، تیسری بار ۱۹۳۷، چوتھی بار ۱۹۴۰، پانچویں بار ۱۹۴۱، چھٹی بار ۱۹۵۶، ساتویں بار ۱۹۶۰، آٹھویں بار ۱۹۶۱ اور تاج کی زندگی میں آخری اشاعت یعنی نویں بار ۱۹۶۳، تک لگاتار شائع ہوتی رہی اور ان کی اہمیت و افادیت میں ذرہ برابر کمی نہیں آئی۔"

تاج نے ڈرامہ 'انارکلی' میں اس بات کا برجستہ اعتراف کیا ہے کہ اس کہانی کا تاریخ سے کوئی تعلق نہیں ہے لیکن یہ تاج کا فن تھا کہ انھوں نے اس ڈرامے میں ایسی کشش،

ایسی جاذبیت، اور دلآویزی پیدا کر دی کہ یہ ڈراما بہ ذاتِ خود ڈراما نگاری کی دنیا میں ایک تاریخ بن بیٹھا۔ شاید اسی لیے پروفیسر محمود الٰہی کو یہ کہنا پڑا:

"جس کی نظر میں اتنی گہرائی اور دور بینی ہو کہ وہ ماضی بعید کے معاشرے کو ہمارے سامنے لا کر رکھ دے۔ جس کے قلم میں اتنا جادو ہو کہ وہ فکر و جذبہ پر چھا جائے۔ اگر وہ حال کے مسائل کو چھوتا تو اس صنف ادب کا حالی اور پریم چند ہوتا۔ تاج سے ہمیں ڈرامے کا فن ملا، ادب و بلاغت کا سرچشمہ ملا، لیکن اپنی زندگی کا کوئی نغمہ، شادی یا نوحہ غم نہ ملا۔ تاج کے ساتھ ساتھ یا تاج کے بعد چند ڈراما نگاروں نے ہمارے مسائل سے بھی بحث کی تو وہ تاج کے فن اور معیار زبان و ادب تک نہ پہنچ سکے۔ تاج کی انفرادیت بہر حال مسلم ہے اور اس مرحوم صنف کے مورخ اور نقاد کو انار کلی مایوس نہ ہونے دے گی۔"

تاج کی شخصیت اس تراشیدہ ہیرے کی مانند ہے جس کے کئی روشن اور تابناک پہلو ہوتے ہیں۔ پروفیسر محمود الٰہی کی تاج سے متعلق تمام تر توقعات بالکل درست ہیں۔ تاج نے پوری زندگی کبھی قلم ہاتھ سے نہ چھوڑا۔ بہت کم عمر میں (راوی، کہکشاں، تہذیب نسواں، پھول) جیسے رسالوں کی ادارت کے فرائض بھی بخوبی انجام دیے۔ ان کی ادبی کار کردگی کا دائرہ بہت وسیع ہے انھیں چند جملوں میں سمیٹنا مشکل امر ہے۔ اس لیے تاج کی شخصیت سے متعلق پھر کبھی بات کریں گے۔ ایسا نہیں ہے کہ صرف تاج نے انار کلی ڈراما لکھا ہو یا پھر اس کردار کا سہارا لے کر اسے بے مثال بنا دیا بلکہ اس کے ساتھ ہی فوق کا ناول 'انار کلی' بھی آیا اور ٹیگور نے اپنا 'افسانہ انار کلی' کے نام لکھا۔ یہ سلسلہ یہیں بند نہیں ہوتا بلکہ "ٹیگور اور فوق کے علاوہ محمد عباس علی انجم ترابی نے ۱۹۵۸ میں ڈراما انار کلی لکھا، عباس علی عباس دہلوی نے بھی انار کلی کے عنوان سے ایک ڈراما لکھا، شری کھتری لال

کانپوری نے بھی انارکلی پیش کیا۔ ساغر نظامی نے انارکلی کو منظوم صورت دی۔

ان تمام حضرات کی خامہ فرسائی کے باوجود انارکلی کا کردار وہ کردار نہ بن سکا جسے تاج نے شاہکار بنادیا۔ جب بھی ہم انارکلی کا نام لیتے ہیں تو ہمارے ذہن و دماغ میں امتیاز علی تاج کا شاہکار ڈراما انارکلی ابھر کر چلا آتا ہے اور اپنے ساتھ پوری مغل داستان، اکبر، سلیم، اور دل آرام کی چالوں کا منظر لے آتا ہے۔ تاج نے انارکلی لکھتے وقت اسے فن کے تقاضوں پر ماپا اور اس میں ڈوب کر لکھا۔ اسی لیے انارکلی کا مطالعہ کرتے وقت ڈرامے کی ہر سطر سے سلیقہ اور ریاضت و محنت کا شہد ٹپکتا نظر آتا ہے۔ اس کی زبان کوثر و تسنیم میں دھلی ہوئی ہے۔ اور اسے نثر میں شاعری کہا جاسکتا ہے۔ اس کے مناظر و مکالمے میں نرم دریا کی سی روانی اور ایک بہاؤ پایا جاتا ہے۔ جس کو پڑھ کر قاری کے ذہن و دماغ پر ایک ایسا تاثر قائم ہوتا ہے جو محبت اور انتقام کا نام ہے۔ لیکن بہت کچھ سوچ کر بے حد افسوس ہوتا ہے کہ یہ ڈراما اتنا اثر انداز اور شاہکار ہونے کے باوجود اس وقت کے ڈرامائی اسٹیج پر پیش کیوں نہ ہو سکا؟۔

اس بات کو تاج نے اپنے دیباچے میں واضح کیا ہے کہ اس وقت کی ڈراما کمپنی کی جو شرطیں تھیں وہ مجھے منظور نہ تھیں۔ بہتر ہوا کہ تاج نے اس وقت اسے اسٹیج نہ کیا اور نہ ہی ان کے مشوروں کو اپنایا ورنہ شاید اس کی شکل ہی کچھ اور ہو جاتی۔

لیکن اس کا ایک دوسرا پہلو یہ بھی نظر آتا ہے کہ ہو سکتا ہے کہ اس ڈرامے کے لیے جو چیزیں اسٹیج پر درکار رہی ہوں وہ نہ مل سکی ہوں؟ جس کے باعث تھیٹریکل کمپنیوں نے اسے لینے سے منع کیا۔ لیکن یہ حقیقت ہے کہ ڈراما انارکلی کے لیے جس اسٹیج کی ضرورت تھی وہ فلم کا پردہ ہی تھا۔ اس لیے اس ڈرامے کی مقبولیت، کشش اور کہانی میں ایک انوکھا واقعہ دیکھ کر اس نام کو کئی بار فلمی پردے پر لایا گیا۔ اور الگ الگ طریقے سے انارکلی نام

سے فلمیں پیش کی گئیں۔ تاج کے ڈرامے انارکلی پر کئی زبانوں میں فلمیں بنیں۔ جن کے نام: انارکلی ۱۹۲۸، خاموش فلم، لوَاینڈ مغل پرنس ۱۹۲۸، خاموش فلم، انارکلی ۱۹۳۵ (پہلی بولتی فلم ہندی، اردو زبان کے ساتھ)، انارکلی ۱۹۵۳ (ہندی، اردو زبان)، انارکلی ۱۹۵۵ (تیلگو زبان)، انارکلی ۱۹۵۸ (اردو)، مغل اعظم ۱۹۶۰ (اردو، ہندی)، انارکلی ۱۹۶۶ (ملیالم زبان) اور اکبر سلیم اور انارکلی ۹ مئی ۱۹۷۹ (تیلگو زبان)، خاص طور پر دلچسپی سے پر ہیں۔ ہم ان فلموں سے متعلق کچھ تحقیقی، تنقیدی، تاثراتی اور تجزیاتی گفتگو کریں گے۔

ڈراما انارکلی پر مبنی اس سے میل کھاتی ہوئی سب سے پہلی فلم ۱۹۲۸ میں 'انارکلی' کے نام سے بنائی گئی۔ جسے فلمی دنیا نے خاموش فلم کے طور پر پیش کیا تھا۔ اور اس فلم کے ڈائرکٹر آر ایس چودھری (۸ جون ۱۹۰۳ وارانسی، اتر پردیش: ۲۲ اگست ۱۹۷۲ ممبئی) جو ضلع وارانسی، اتر پردیش کے رہنے والے تھے۔ انارکلی کے کردار کو روبی میئر / سلوچنا (Sulochna/ Ruby Mayer) (۱۹۰۷ پونے: ۱۹ اپریل ۱۹۸۳)، نے بہ حسن خوبی انجام دیا۔ اور دنشا بیلی موریا (۱۹۰۴ کرِکی) نے بھی اہم رول پلے کیا۔

فلم Black and White پیش کی گئی تھی اس فلم میں جو کچھ خاص کام کرنے والے لوگ تھے ان میں ڈی بلّی موریا اور پٹی جلّو بھی تھے۔ اس فلم کا انگریزی نام (Monuments of Tears) مونو مینٹس آف ٹیرس تھا۔

یہ بات تھوڑا چونکانے والی ہے کہ ۱۹۲۸ میں اس کہانی پر مبنی ایک اور فلم لَو آف مغل پرنس (Love of Mughal Prince) کے نام سے پردہ سیمیں پر آتی ہے۔ جسے چارو رائے (۶ ستمبر ۱۸۹۰ برہم پور: ۲۸ ستمبر ۱۹۷۱) اور پرفل رائے (ا/ جنوری ۱۸۹۲ کستیا، بنگال) منظر عام پر لائے۔ یہ ایک خاموش فلم تھی۔ اس فلم کو لکھنے والوں میں حکیم احمد شجاع اور امتیاز علی تاج (۱۳ اکتوبر ۱۹۰۰: ۱۹ اپریل ۱۹۷۰) کا نام قابل ذکر ہے۔ اس

فلم میں انار کلی کے کردار کو 'سیتا دیوی' (۱۹۱۲: ۱۹۸۳) نے ادا کیا اور شہزادہ سلیم کے کردار کو 'ساون سنگھ' نے پیش کیا۔ مزے کی بات تو یہ ہے کہ فلم کے ڈائرکٹر چارو رائے اور فلم لکھنے والے امتیاز علی تاج نے اس فلم میں بطور اداکار کام کیا۔ اس فلم کو 'انار کلی' اور راج محل نی رمانی کے ناموں سے بھی جانا جاتا ہے۔

اس فلم کے کچھ اہم کردار چارو رائے، مایہ دیوی (افروری ۱۹۶۷)، راج کماری، شکنتلا ٹمبے (Shakuntala Tembe) خاص طور پر قابل ذکر ہیں۔ اس فلم کی سنیماٹوگرافی (Cinematography) وی بی جوشی صاحب نے کی تھی۔

یہ سلسلہ ابھی رکتا اور تھمتا نہیں بلکہ ۱۹۳۵ میں انار کلی کی کہانی پر مبنی ایک اور فلم آتی ہے اس فلم کے ڈائرکٹر 'آر ایس چودھری' (۸ جون ۱۹۰۳ وارانسی، اتر پردیش: ۲۲ اگست ۱۹۷۲ ممبئی) تھے اور اداکار کے روپ میں (روبی میئر) 'سلوچنا' (۱۹۰۷ پونے: ۱۹ اپریل ۱۹۸۳) تھیں۔ یہ انار کلی کی کہانی پر بننے والی سب سے پہلی بولتی فلم تھی جسے ہندی، اردو زبان کا پیراہن عطا کر کے ناظرین و سامعین کے سپرد کیا گیا تھا۔

اب تک ڈراما انار کلی پر بننے والی سب سے اہم فلم ۱۹۵۳ میں انار کلی کے نام سے آتی ہے۔ جس کے ڈائرکٹر نند لال جسونت لال (۱۵ مارچ ۱۹۰۷: ۱۹۶۱) ہیں۔ فلم کے کہانی کار ناصر حسین (۳ فروری ۱۹۳۱، بھوپال: ۱۳ مارچ ۲۰۰۲) تھے اور مکالمے کو حسن بخشنے کے لیے رمیش سہگل کا سہارا لینا پڑا اور اسے لوگوں کے دل میں اتارنے یعنی گانے کے لیے سی رام چندر جی (۱۲ جنوری ۱۹۱۸: ۵ جنوری ۱۹۸۲) نے اپنا تعاون دیا۔

فلم کے خاص اداکاروں میں: بینا رائے (انار کلی)، پردیپ کمار (شہزادہ سلیم)، مبارک (شہنشاہ جلال الدین محمد اکبر) سلوچنا روبی مے ئر (مہارانی جودھا)، پرویز (منموہن کرشن)، ایس ایل پوری (راجہ مان سنگھ) کلدیپ کور (گلنار)، اور نور جہاں (انار

کلی کی ماں) نے اپنے فن کا مظاہرہ کیا ہے۔ فلم میں جان ڈالنے یا یوں کہہ لیجیے کہ اسے ایک نیا حسن اور زندگی عطا کرنے کے لیے فلم کے گیتوں کے لیے لتا منگیشکر، گیتادت، فرید پور، بنگلہ دیش) اور ہیمنت کمار (بنارس) کا انتخاب کیا گیا جنھوں نے فلم کو فلمی دنیا کی اعلیٰ بلندیوں تک پہنچایا۔

انارکلی فلم کے لیے شروعات میں میوزک ڈائرکٹر کی خدمات (وسنت پرکاش) انجام دے رہے تھے اور گیتادت کی آواز میں ایک نغمہ (آجانِ وفا آ۔۔۔) Record ہو چکا تھا۔ لیکن شاید خدا کو کچھ اور منظور تھا۔ اسی درمیان وسنت پرکاش جی کی اچانک موت ہو جانے کے باعث ان کے کاموں کے لیے سی رام چندر جی کو چنا گیا۔ انھوں نے اپنا کام بطریق احسن ادا کیا۔ اور فلم نے فلمی دنیا کی اعلیٰ بلندیوں کو چھوا۔ اس فلم میں جو نغمے گائے گئے ان کی کل تعداد تقریباً ۱۲ ہے۔ فلم انارکلی کے سارے گانے آج بھی لوگوں کے ذہن و دماغ پر ماضی کی دھندلی یادوں کی دستک دے رہے ہیں۔ ملاحظہ کریں نغموں کے بول:

.۱ اے بادِ صبا آہستہ چل یہاں سوئی ہوئی ہے انارکلی، آنکھوں میں جلوے سلیم کے لیے کھوئی ہوئی ہے انارکلی (گلوکار۔ ہیمنت کمار)

.۲ یہ زندگی اسی کی ہے جو کسی کا ہو گیا، پیار ہی میں کھو گیا۔ یہ زندگی اسی کی ہے. (گلوکار۔ لتا منگیشکر)

.۳ وفا کی لاج رہ جائے۔ کہ آجا! تیرے آنے سے۔ محبت کی نظر نیچی نہ ہو جائے زمانے سے۔ آجانِ وفا آ (گلوکار۔ گیتادت)

.۴ آجا۔ اب تو آجا۔ میری قسمت کے خریدار اب تو آجا۔ نیلام ہو رہی ہے میری چاہت سرِبازار۔ اب تو آجا (گلوکار۔ لتا منگیشکر)

.۵ دل کی لگی ہے کیا؟ یہ کبھی دل لگا کے دیکھ۔ آنسو بہا کے دیکھ کبھی مسکرا کے

دیکھ۔پروانہ جل رہا ہے مگر جل رہا ہے کیوں؟یہ راز جاننا ہے تو خود کو جلا کے دیکھ (گلوکار۔لتا منگیشکر)

.۶ دُعا کر غم دل خدا سے دُعا کر۔وفاؤں کا مجبور دامن بچھا کر۔دعا کر غم دل خدا سے دعا کر (گلوکار۔لتا منگیشکر)

.۷ جاگ درد عشق جاگ۔جاگ درد عشق جاگ۔دل کو بے قرار کر۔چھیڑ کے آنسوؤں کا راگ (گلوکار۔لتا منگیشکر)

.۸ اس انتظار شوق کو جلوؤں کی آس ہے۔اک شمع جل رہی ہے۔سو وہ بھی اداس ہے (گلوکار۔لتا منگیشکر)

.۹ زندگی پیار کی دو چار گھڑی ہوتی ہے۔چاہے تھوڑی بھی ہو یہ عمر بڑی ہوتی ہے (گلوکار۔ہیمنت کمار)

.۱۰ محبت میں ایسے قدم ڈگمگائے۔زمانہ یہ سمجھا کہ ہم پی کے آئے۔پی کے آئے (گلوکار۔لتا منگیشکر)

.۱۱ زندگی بے بسی ہے۔بے کسی کا ساتھ ہے۔ایک ہم ہیں اس قفس میں۔یا خدا کی ذات ہے۔او آسمان والے شکوہ ہے زندگی کا (گلوکار۔لتا منگیشکر)

.۱۲ جو دل یہاں نہ مل سکے۔ملیں گے اس جہان میں۔کھلیں گے حسرتوں کے پھول... اسے مزار مت کہو ہے محل یہ پیار کا (گلوکار۔لتا منگیشکر)

ابھی تک جو فلمیں بن رہی تھیں وہ خاموش یا ہندی اردو زبانوں پر منحصر تھیں۔اب انار کلی کی کہانی کا دائرہ اور بھی وسیع ہوتا گیا اور اس نے ۱۹۵۵ میں اس کہانی پر منحصر ایک فلم تیلگو زبان میں پیش کر دی۔اس فلم کے ڈائرکٹر 'ویدانتم راگھاویا (۱۹۱۹:۱۹۷۱)' تھے۔اس فلم میں انار کلی کے کردار کو 'انجلی دیوی' (۲۴ اگست ۱۹۲۷: ۱۳ جنوری ۲۰۱۴) نے

ادا کیا ساتھ ہی سلیم کے کردار کو 'اکی نینی ناگیشور راؤ' (۲۰ ستمبر ۱۹۲۳ : ۲۲ جنوری ۲۰۱۴) نے ادا کیا۔ اور شہنشاہ جلال الدین محمد اکبر کے کردار کو 'ایس وی رنگاراؤ' (۳ جولائی ۱۹۱۸ : ۱۸ جولائی ۱۹۷۴) نے ادا کیا۔ سنیماٹو گرافی کے کارنامے کو 'کمل گھوس' اور میوزک 'پی آدی نارائن راؤ جی' (پیدائش ۱۹۱۵ : انتقال ۲۵ جنوری ۱۹۹۱) نے انجام دیے۔ اس فلم میں جو گانے گائے گئے وہ ہماری سمجھ سے تو پرے ہیں پھر بھی ہم انھیں Information کے لیے یہاں درج کیے دیتے ہیں :

(۱) او انار کلی۔۔ انار کلی، انار کلی (گلوکار۔ گھنٹا سالا) (Ghantasala۲) جیوی تمے سبالمو (گلوکار: جِکّی) (Jikki۳) کنیندھا الیو دونیلاون اولی نی (گلوکار: جِکّیJikki، گھنٹا سالا) (Ghantasala۴) نان کنڈ اسگاما سگاما (گلوکار: جِکّی) (Jikki۵) راجہ سیکھارا این میل مودی سییا لاگ (گلوکار: جِکّیJikki، گھنٹا سالا) (Ghantasala۶) اونال ننی اویے رائی مرندھین (گلوکار: جِکّی) (Jikki۷) کادھالےئن جوڑی (گلوکار: جِکّی) (Jikki۸) اندھانال تھانی دھابا (گلوکار: پی سوشیلا) (P.sushila۹) آنندھام... نانم کوڈِھن (گلوکار: جِکّی) (Jikki۱۰) سیپائی انبے نی وارایو (گلوکار: جِکّی) (Jikki۱۱) پار تھانیلے مودیو وکنناڈین این ویدھی (گلوکار: جِکّیJikki)

اس کہانی پر مبنی فلم بننے کا سلسلہ ابھی تک تو صرف ہندوستان ہی میں فروغ پا رہا تھا۔ پاکستان میں بھی تاج کے ڈرامے انار کلی پر مبنی ایک فلم 'انار کلی' کے عنوان سے ۶ جون ۱۹۵۸ میں آگئی جسے 'انور کمال پاشا' (۲۳ فروری ۱۹۲۵ لاہور: ۱۳ اکتوبر ۱۹۸۷) نے ڈائرکٹ کیا۔

اس فلم میں انار کلی کا کردار 'نور جہاں' نے ادا کیا، شہزادہ سلیم کا کردار 'سودھیر' (۱۹۲۲: ۱۹ جنوری ۱۹۹۷) نے اور 'محمد افضل' (اجنوری ۱۹۲۲ لاہور، پنجاب: اجنوری

۱۹۸۴) نے جلال الدین محمد اکبر کا کردار ادا کیا۔ ان سب کے علاوہ ثریا کا کردار 'شمیم آرا' (پیدائش ۱۹۴۲) نے پیش کیا، بہار کا کردار 'راگنی' (۱۹۲۵: ۲۷ر فروری ۲۰۰۷) نے ادا کیا، اور جودھا کے کردار کو 'زبیدہ' (۱۹۱۱: ۲۱ ستمبر ۱۹۸۸) نے انجام دیا ساتھ ہی کامیڈین کا رول ظریف (۱۹۳۸: ۳۰ اکتوبر ۱۹۶۰) نے بہ حسن وخوبی انجام دیا۔ ان کے علاوہ فلم میں اجمل اور فضل حق نے بھی اہم رول پلے کیا۔ اس فلم کے ڈائرکٹر انور کمال پاشا پاکستان کے مشہور پروڈیوسر اور ڈائرکٹر رہے ہیں۔ اس فلم کے علاوہ انھوں نے متعدد کامیاب فلمیں بنائی ہیں۔ جس میں وطن ۱۹۶۰، غلام ۱۹۵۳، رات کی بات ۱۹۵۴، سرفروش ۱۹۵۶، گمراہ ۱۹۵۹، لیلا مجنوں ۱۹۵۶، چن ماہی ۱۹۵۶، انتقام ۱۹۵۵، قاتل ۱۹۵۵، سیکریٹس آف دانائٹ ۱۹۵۴، گمنام ۱۹۵۴، دل بر ۱۹۵۱، گبھرو ۱۹۵۰، دو آنسو ۱۹۵۰، خاص طور پر قابل ذکر ہیں۔ ساتھ ہی انھوں نے ۱۱ فلموں کو پروڈیوس بھی کیا اور ایک فلم 'دل بر ۱۹۵۱' میں اداکار کی حیثیت سے نظر بھی آئے۔ فلم انار کلی میں Music راشد اختر (۱۵ فروری ۱۹۱۹ امرتسر، پنجاب: ۱۸ دسمبر ۱۹۶۷ لاہور، پاکستان) اور عنایت حسین (۱۹۲۳ لاہور، پنجاب: ۲۵ مارچ ۱۹۹۳ لاہور) نے دی تھی اور Playback Singer کے کام کو نور جہاں (۲۱ ستمبر ۱۹۲۶: ۲۳ دسمبر ۲۰۰۰ کراچی، پاکستان) نے ادا کیا۔ جو پلے بیک سنگر کی شکل میں منظر عام پر آئی۔

اگر اس بات کا اعتراف کیا جائے تو یہ بات سچ ہے کہ اب تک انار کلی کہانی یا ڈراما پر مبنی جتنی بھی فلمیں بنیں، ان تمام فلموں میں وہ بات نہ آسکی جو تاج کے ڈراما انار کلی پر مبنی فلم مغل اعظم میں آئی جسے فلمی دنیا میں سنگ میل کی حیثیت سے جانا جاتا ہے۔ یہ فلم ۱۵ اگست ۱۹۶۰ کو ممبئی کے مراٹھا مندر سنیما حال میں لگائی گئی جس کو دیکھنے کے لیے عوام نے کئی راتیں جاگ کر گزاریں۔ اس فلم کے ڈائرکٹر کے آصف 'کریم الدین آصف'

(۱۴جون ۱۹۲۴ اٹاوہ: ۹ مارچ ۱۹۷۱ ممبئی) تھے۔ جنھوں نے ڈراما انار کلی کو ایک نئی زندگی فراہم کر دی۔ اس فلم میں موسیقی نوشاد (۲۵ دسمبر ۱۹۱۹ لکھنؤ: ۵ مئی ۲۰۰۶) نے دی۔ شکیل بدایونی (۱۳ اگست ۱۹۱۶ بدایوں: ۲۰ اپریل ۱۹۷۰) نے اس کے نغمے لکھے اور اسے گانے کے لیے فلمی دنیا کے ستاروں کو زمین پر آنا پڑا جن میں بڑے غلام علی خاں (۲ اپریل ۱۹۰۲ لاہور: ۲۳ اپریل ۱۹۶۸ حیدر آباد)، محمد رفیع (۲۴ دسمبر ۱۹۲۴ امرتسر: ۱۳ جولائی ۱۹۸۰ ممبئی)، شمشاد بیگم (۱۴ اپریل ۱۹۱۹ امرتسر: ۲۳ اپریل ۲۰۱۳ ممبئی)، لتا منگیشکر (۲۸ ستمبر ۱۹۲۹ اندور) خاص طور سے قابل ذکر ہیں۔

فلم کو زبان عطا کرنے یعنی ان کے مکالمے لکھنے والوں میں امان اللہ خان، کمال امروہی (سید امیر حیدر کمال نقوی، ۱۷ جنوری ۱۹۱۸: ۱۱ فروری ۱۹۹۳ ممبئی)، احسان رضوی، اور وجاہت مرزا (مرزا وجاہت حسین چنگیزی، ۲۰ اپریل ۱۹۰۸ سیتاپور: ۴ اگست ۱۹۹۰ کراچی) تھے اور شہنشاہ اکبر کا کردار 'پرتھوی راج کپور' (۳ نومبر، ۱۹۰۶ پشاور: ۲۹ مئی ۱۹۷۲ ممبئی) نے ادا کیا، شہزادہ سلیم کا کردار 'یوسف خان عرف دلیپ کمار' (۱۱ دسمبر ۱۹۲۲ پشاور، پاکستان) نے ادا کیا۔ انارکلی کا کردار 'ممتاز جہاں دہلوی عرف مدھوبالا' (۱۴ فروری ۱۹۳۳ دہلی: ۲ فروری ۱۹۶۹ ممبئی) نے بحسن خوبی ادا کیا۔ ان کے علاوہ مہارانی جودھا کا کردار 'درگا کھوٹے' (۱۴ جنوری ۱۹۰۵ ممبئی: ۲۲ دسمبر ۱۹۹۱ ممبئی) بہار کا کردار 'نگار سلطانہ' (۲۱ جون ۱۹۳۲ انتقال ۲۱ اپریل ۲۰۰۰ ممبئی) درجن سنگھ، (اجیت، حامد علی خان) سلیم کا بے تکلف دوست اور رازدار، ۲۷ جنوری ۱۹۲۲، گولکنڈہ، حیدرآباد انتقال ۲۱ اکتوبر ۱۹۹۸ حیدر آباد، سنگر آش کا کردار 'کمار' (سید علی حسن (۲۳ ستمبر ۱۹۰۳ لکھنؤ: ۱۹۸۲) اور ثریا کا کردار 'شیلا دلایا' نے بڑے ہی فنکارانہ ڈھنگ سے ادا کیا۔ یہ کردار اس زمانے کی فلموں میں آسانی سے کام نہیں کرتے تھے اس کے لیے کے

آصف نے بڑی محنت اور لگن سے کام لیا اور تمام اداکاروں سے سفارش کی تب جا کر یہ فلم منظرِ عام پر آئی۔ اس فلم میں سلیم کے بچپن کا کردار جس میں شیخو کہہ کر اکبر مخاطب کرتا ہے وہ کردار 'جلال آغا' (۱۹۲۶: ۵ مئی ۱۹۹۵) نے پیش کیا، تان سین (سریندر ناتھ شرما) ۱۱ نومبر ۱۹۱۰ گرداس پور، پنجاب / انتقال ۱۹۸۷ ممبئی، کلاسیک گانا گانے والا ایک فرد، وزیر حق، اور کنیزیں خاص طور پر قابل ذکر ہیں۔ اس فلم کا انگریزی نام " The Emperor of Mughals" اور "The Great Mughal" ہے۔ اس فلم کے نغمے اور کچھ غزلیں اس طرح ہیں:

.۱ سبھ دن آیو، سبھ دن آیو۔ صاحب عالم جگ اُجیارو، سبھ دن آیو (گلوکار: استاد بڑے غلام علی خاں)

.۲ موہے پنگھٹ پہ نند لال چھیڑ گئیو رے، موری ناجک کلئیا مروڑ گئیو رے (گلوکار: لتا منگیشکر اور ساتھی)

.۳ تری محفل میں قسمت آزما کر ہم بھی دیکھیں گے، ہاں جی ہم بھی دیکھیں گے (گلوکار: لتا منگیشکر، شمشاد بیگم اور ساتھی گلوکارائیں)

.۴ اے عشق یہ سب دنیا والے، بے کار کی باتیں کرتے ہیں۔ پائل کے غموں کا علم نہیں، جھنکار کی باتیں کرتے ہیں (گلوکار۔ لتا منگیشکر)

(یہ نغمہ بلیک اینڈ وہائٹ فلم میں موجود ہے، رنگین فلم میں سے حذف کر دیا گیا ہے۔)

.۵ پریم جوگن بن کے، سندری پیا اور چلی، ساجن سوں جو نین ملے تو من کی پیاس بجھی (گلوکار۔ استاد بڑے غلام علی خاں)

.۶ محبت کی چھوٹی کہانی پہ روئے، بڑی چوٹ کھائے جوانی پہ روئے۔ (گلوکار۔ لتا

منگیشکر)

.۷ ہمیں کاش تم سے محبت نہ ہوتی... ہمیں کاش، کہانی ہماری حقیقت نہ ہوتی(گلوکار۔لتا منگیشکر)

(یہ نغمہ بلیک اینڈ وہائٹ فلم میں موجود ہے، رنگین فلم میں سے حذف کر دیا گیا ہے۔)

.۸ انسان کسی سے دنیا میں اک بار محبت کرتا ہے۔اس درد کو لے کر جیتا ہے اس درد کو لے کر مرتا ہے۔پیار کیا تو ڈرنا کیا(گلوکار۔لتا منگیشکر)

.۹ اے میرے مشکل کشا، فریاد ہے، فریاد ہے، آپ کے ہوتے ہوئے دنیا میری برباد ہے۔(گلوکار:لتا منگیشکر)

.۱۰ وفا کی راہ میں عاشق کی عید ہوتی ہے۔خوشی مناؤ محبت شہید ہوتی ہے(محمد رفیع اور ساتھی)

.۱۱ یہ دل کی لگی کم کیا ہو گی، یہ عشق بھلا کم کیا ہو گا، جب رات ہے ایسی متوالی، پھر صبح کا عالم کیا ہو گا(گلوکار۔لتا منگیشکر، ساتھی گلوکارائیں)

غزل: ماہ رو مہ جبیں انار کلی، دل ربا دل نشیں انار کلی، ہو یہ معلوم تم کو بعد سلام، غم فرقت سے دل ہے بے آرام(مدھو بالہ 'انار کلی')

غزل: دل می رو د زدستم صاحب دلاں خدارا، دردا کہ رازِ پنہاں خواہد شد آشکارا(انار کلی فال پڑھتی ہے۔دیوان حافظ)

فلم مغل اعظم کے خالق کریم الدین آصف نے اپنی پوری زندگی میں تقریباً ۳ یا ۴ فلمیں بنائیں لیکن فلم مغل اعظم انھیں زندہ و جاوید رکھنے کے لیے کافی ہے۔جو آج بھی ناظرین کے دلوں میں ویسے ہی جگہ بنائے ہوئے ہے جس طرح ۱۹۶۰ میں تھی۔

فلم مغل اعظم کے بعد ایک اور فلم ڈراما انارکلی پر مبنی ملیالم زبان میں ۲۷ اگست ۱۹۶۶ میں منظر عام پر آئی۔ اس فلم کے ڈائرکٹر 'کنچاکو' Kunchako (پیدائش ۱۹۱۲: ۱۵ جون ۱۹۷۶ مدراس، تمل ناڈو) ہیں۔ اور کہانی کار کے طور پر 'وکیم چندر شیکھرن نیر' (۱۲: ۱۹۲۰ اپریل ۲۰۰۵) قابل ذکر ہیں۔ اداکاروں میں انارکلی کا کردار 'کے۔ آر۔ وجیا' (پیدائش ۱۹۴۸)، شہنشاہ اکبر کا کردار 'ستین، مانویل ستھیانیشان ندر' (۹ نومبر ۱۹۱۲: ۱۵ جون ۱۹۷۱)، سلیم کا کردار 'پریم نذیر' (۱۶ دسمبر ۱۹۲۶: ۱۶ جنوری ۱۹۸۹)، جودھا کا کردار 'امبیکا سکومرن' (ندارد)، تان سین کا کردار 'ڈاکٹر کے جے یسوداس' (۱۰ جنوری ۱۹۴۰) نے بہ حسن وخوبی نبھایا۔ 'مان سنگھ' (۱۱ ستمبر ۱۹۲۲: ۱۹ اکتوبر ۱۹۸۶) کا کردار کوٹر اکاراسری دھرن نیر نے کیا۔ 'راج سری' کُسما کماری (پیدائش ۱۹۴۵) نے گلنار کا رول پلے کیا۔ انارکلی کی ماں کا رول 'پھیلوینا' (۱۹۲۶: ۲ جنوری ۲۰۰۶) نے ادا کیا۔ ان کے علاوہ ادور بھاسی (کریم)، ایس پی پلائی (قاسم)، مناؤلن جو سیفھ نے غلام تاجر کا کردار ادا کیا اور ایل پی آر ورما (درباری گائک) نے بھی اپنے کرداروں کو جی جان سے نبھایا اور فلم کو کامیابی سے ہمکنار کرانے میں کوئی کسر باقی نہ رکھی۔ موسیقی 'محمد صابر بابوراج' (۹ مارچ ۱۹۲۱: ۷ اکتوبر ۱۹۷۸) کی تھی۔ پریم نذیر کا نام ملیالم سنیما کی تاریخ میں ایک بڑا نام ہے۔ انھوں نے تقریباً ۵۵ سے زائد فلموں میں کام کیا ہے۔

اس فلم کے بعد ایک اور فلم جو 'اکبر، سلیم، انارکلی' کے عنوان سے منظر عام پر آتی ہے وہ ۹ مئی ۱۹۷۹ میں تیلگو زبان کا لباس عطا کیے ہوئے ہے۔ (نوٹ۔ Internet پر اسی فلم کے منظر عام پر آنے کا سال ۱۹۷۸ بھی دکھایا جاتا ہے) اس فلم کے ڈائرکٹر 'تراکا راماراؤ نند عمری' تھے۔ میوزک کے لیے سی رام چندر جی کی خدمت لی گئی اس فلم میں شہنشاہ جلال الدین محمد اکبر کا کردار خود ڈائرکٹر نے نبھایا ہے۔ اور سلیم کے کردار کو ان

کے بیٹے 'بال کرشن' (۱۰ جون ۱۹۶۰) نے پیش کیا ہے۔ انار کلی کے کردار کو 'دیپا' اصل نام انی میری نے پیش کیا۔ ساتھ ہی کچھ اہم کرداروں میں جمنا، اور گوڈی بھی ہیں جنھوں نے اپنے رول کو بہ حسن وخوبی انجام دیا۔

اس فلم میں کل آٹھ گانے پیش کیے گئے ان گانوں کے پہلے مکھڑے کو یہاں درج کیے دیتا ہوں۔ تفصیلات مندرجہ ذیل ہیں: تھارلین ٹھگا، تھانے میلی موسوگو، مدنا موہانو دے، رےئی آگی پونی، سی پئے سی پئے، ویلا ایری گینا دوراانٹے، کالو سوکنّا، پری مسٹ ٹپانٹارا، وغیرہ خاص طور سے قابل ذکر ہیں۔

'ترا کارامارا ؤ نند عمری' کو 'این ٹی راؤ' کے نام سے بھی جانا جاتا ہے۔ ۲۸ مئی ۱۹۲۳ کو آندھرا پردیش کے کرشن، ضلع میں پیدا ہوئے اور ۱۸ جنوری ۱۹۹۶ کو اس دنیا سے سدا کے لیے چلے گئے۔ موصوف نے اپنی زندگی میں تقریباً ۲۵۴ سے زائد فلموں میں بہ حیثیت اداکار، ڈائرکٹر، پروڈیوسر، کارنامے انجام دیے۔ زیادہ سے زیادہ فلمیں بہت کامیاب رہیں۔ جن میں تیلگو، ہندی اور تمل فلمیں خاص طور سے شامل ہیں۔

مختصر یہ کہ ڈرامہ انار کلی پر مبنی جتنی بھی فلمیں آج تک بنی ان میں 'مغل اعظم' ۱۹۶۰ (کریم الدین آصف) اور 'انار کلی' ۱۹۵۳ (نند لال جسونت لال) ہر لحاظ سے قابل ذکر ہیں۔ اگر ہمیں ان ۹ فلموں میں صرف ایک فلم کا انتخاب کرنے کو کہا جائے تو وہ مغل اعظم ۱۹۶۰ ہے جو ڈرامہ نگاری اور سینما کے لیے بالکل Perfect نظر آتی ہے۔ فلم مغل اعظم میں بھی تقریباً تاج کے ڈراما انار کلی کی ہی کہانی کو کچھ تبدیلیوں کے ساتھ پیش کیا گیا ہے۔ لیکن کے آصف کی ذہانت کا مرید ہونا پڑتا ہے کہ انھوں کچھ ایسے زندہ کردار کا اضافہ کیا جو فلمی دنیا میں سنگ میل کی حیثیت رکھتے ہیں۔ یہی کام اور فلم بنانے والے نہ کر سکے۔ سب نے ڈرامہ انار کلی میں کچھ حذف واضافہ کر کے اسے پیش کر دیا۔ شاید یہی وجہ

ہے کہ جب بھی انارکلی کا ذکر آتا ہے تو ہمارے ذہن میں ڈرامہ 'انارکلی' کے ساتھ فلم 'مغل اعظم' ہی آتی ہے۔ فلم مغل اعظم کا پلاٹ حقیقتاً نہایت ہی مربوط اور گٹھا ہوا ہے۔ چاہے وہ پلاٹ ہو، مکالمہ نگاری ہو، پیش کش ہو، کردار نگاری ہو، زبان ہو یا سیٹ، ہر لحاظ سے فلم مغل اعظم، ڈراما انارکلی سے قریب اور کامیاب نظر آتی ہے۔

کتابیات:

* امتیاز تحقیق و تنقید: ڈاکٹر سلیم ملک، بک ہوم لاہور، پاکستان ۲۰۰۴

امتیاز علی تاج: ڈراما انارکلی 'مقدمہ: پروفیسر محمود الٰہی' لکھنؤ ۲۰۰۳

پروفیسر عبد السلام: فن ڈراما نگاری اور انارکلی، پاکستان ۱۹۶۱

سید امتیاز علی تاج (زندگی اور فن): ڈاکٹر محمد سلیم ملک، پاکستان ۲۰۰۳

انیس امروہوی، پس پردہ (فلمی مضامین)، تخلیق کار پبلشرز، دہلی ۲۰۱۰

انیل زنکار، مغل اعظم ((epic as Legent، Harper Collins,India، ۲۰۱۳

پریم پال اشک، فلم شناسی، موڈرن پبلشنگ ہاؤس، دہلی ۱۹۹۲

پریم پال اشک: ہمارا سنیما، قومی اردو کونسل، دہلی ۲۰۱۰

پریم پال اشک: ہندوستانی سنیما کے پچاس سال، مورڈن پبلشنگ ہاؤس، دہلی ۲۰۰۰

ڈاکٹر الف انصاری: ہندوستانی فلم کا آغاز و ارتقا، (دو جلدوں میں) عرشیہ پبلی کیشنز، دہلی ۲۰۱۳

سہیل اختر: نسرین منی کبیر، فلم مغل اعظم اسکرپٹ، آکسفورڈ یونیورسٹی پریس، دہلی ۲۰۰۷

سازیہ رشید: انڈین سینما تاریخ کے آئینہ میں، (صد سالہ تاریخ) پین اینڈ پیپر پبلی

کیشنز، لاہور، ۲۰۱۱

ہندوستان کے عظیم موسیقار : شمبھو ناتھ مشرا: مترجم:رئیس مرزا، پبلی کیشنز ڈویژن، دہلی، اکتوبر ۱۹۹۶

* ایس مسعود سراج:(اردو ڈرامہ اور انار کلی)، نیا دور، لکھنؤ، نومبر ۱۹۸۲

نجم الحسن انجم ادیب: مضمون: انار کلی ارباب علم کی نظر میں، شیر ازہ، کشمیر، جنوری ۱۹۹۰

شیر ازہ 'ماہانہ': محمد یوسف ٹینگ، جنوری ۱۹۹۰، سرینگر، کشمیر

ڈاکٹر وحید قریشی: صحیفہ، تاج نمبر، پاکستان، شمارہ ۵۳، اکتوبر ۱۹۷۰

* فلم مغل اعظم: ڈائرکٹر، کریم الدین آصف، ڈی وی ڈی، کلر، شیمارو، نئ دہلی

فلم انار کلی: ڈائرکٹر، نند لال جسونت لال، سی ڈی بلیک اینڈ وہائٹ، الٹرا ویڈیو سی ڈی، نئ دہلی

فلموں سے متعلق تمام تر تفصیلات Internet IMDb سے بھی حاصل کی گئیں ہیں

* * *

ہندوستانی سنیما کا آخری مغل : کمال امروہی (قلم سے فلم تک)

انیس امروہوی

۱۷ جنوری ۱۹۱۸ کو اُتر پردیش کے مردم خیز شہر امروہہ میں ایک زمیندار گھرانے میں کمال امروہی کا جنم ہوا۔ ان کا اصلی نام سیّد امیر حیدر تھا اور پیار سے گھر والے ان کو 'چندن' کے نام سے پکارتے تھے۔ گھر میں سب سے کم عمر ہونے کی وجہ سے کمال امروہی بہت شرارتی، چنچل اور لاڈلے تھے۔ ایک طرح سے وہ خاندان کے بگڑے ہوئے بچے کے روپ میں پہچانے جاتے تھے۔

بچپن سے ہی کمال امروہی حُسن پرست تھے۔ چاہے قدرت کے حسین مناظر ہوں یا قدرت کا بنایا ہوا کوئی حسین چہرہ، وہ ہر طرح کے حُسن کے دلدادہ تھے اور شاید یہی وجہ تھی کہ پڑھائی لکھائی میں ان کا دل کم ہی لگتا تھا۔ بہتر تعلیم کے لیے انھیں دہرہ دون بھیجا گیا جہاں انھوں نے ہائی اسکول تک کی تعلیم مکمل کی۔

ایک بار اُن کے خاندان میں شاید کوئی شادی تھی اور بہت سا حُسن ان کے گھر کے آنگن میں جمع تھا۔ بہت سے مہمان ان کے گھر میں آئے ہوئے تھے۔ کسی بات پر گھر میں دودھ سپلائی کرنے والی خاتون سے کمال کا جھگڑا ہوا اور اس نے کمال کے بڑے بھائی سے شکایت کر دی۔ بڑے بھائی کا گھر میں بڑا رعب تھا کیونکہ وہ پولیس میں ملازم تھے۔ انھوں نے کمال کو اپنے پاس بُلایا اور کہا کہ آپ خاندان کا نام بہت روشن کر رہے ہیں۔ اس کے

ساتھ ہی انھوں نے ایک زناٹے دار تھپڑ کمال کے گال پر جڑ دیا۔

بڑے بھائی کا تھپّڑ کھانا تو کمال کے لیے کوئی بڑی بات نہیں تھی، مگر اُس وقت شادی میں آئی ہوئی بہت سی حسین لڑکیوں کے وہ ہیرو بنے ہوئے تھے۔ اس لیے انھوں نے اُن سب کی موجودگی میں اس تھپّڑ کو اپنی بہت بڑی بے عزتی محسوس کی اور اسی وقت گھر چھوڑنے کا فیصلہ کر لیا۔ یہی وہ تاریخی فیصلہ تھا جس نے ہندوستانی سینما کو ایک تاریخی شخصیت عطا کی۔

اُسی رات کمال نے اپنی بہن کا سونے کا کنگن غائب کیا اور صبح کو سولہ روپے میں فروخت کر کے لاہور جانے والی گاڑی پکڑ لی۔ دس روپے خرچ کر کے کمال لاہور پہنچ گئے۔ اس وقت کمال کی عمر لگ بھگ سولہ برس کی رہی ہو گی۔

۱۹۳۴عیسوی کے آس پاس کا زمانہ تھا۔ لاہور میں ضمیر علی صاحب کی ایک لانڈری 'ہمدرد لانڈری' کے نام سے مشہور تھی۔ ضمیر علی صاحب دوست نواز آدمی تھے۔ مشہور اردو شاعر اختر شیرانی بھی اُن کے دوستوں میں تھے اور مشہور اداکار نواب علی بھی۔ خوب محفلیں جمتی تھیں۔ شعر و شاعری سے لے کر فلم اور سیاست پر خوب بحثیں ہوا کرتی تھیں۔

ضمیر علی صاحب کی 'ہمدرد لانڈری' میں دھام پُور ضلع بجنور (یوپی) کا ایک نوجوان لڑکا فراہیم ملازمت کرتا تھا۔ اُس کو بہت سے لوگ 'فرّی' کی عرفیت سے پکارتے تھے۔ فرّی کو فلموں میں کام کرنے اور ہیرو بننے کا بڑا شوق تھا۔ وہیں اس کا ایک دوست امیر حیدر بھی اس کے ساتھ رہتا تھا، حالانکہ وہ لانڈری کا ملازم نہیں تھا، مگر فرّی کی دوستی اور فلموں کے شوق کی وجہ سے دونوں ساتھ رہتے تھے۔ شاید اس لیے بھی کہ امیر حیدر گھر سے بھاگا ہوا تھا۔ امیر حیدر کے پاس کچھ کہانیاں تھیں، جن کو وہ اپنے دوستوں میں یہ کہہ

کر سنایا کرتا تھا کہ وہ بھی فلموں میں کہانیاں لکھے گا۔ اس وقت لوگ اُس کی اِس بات پر ہنس دیا کرتے تھے۔

اتفاق کی بات ہے کہ ایک بار مشہور فلمساز وہدایت کار سہراب مودی لاہور پہنچے اور اپنے شاعر دوست اختر شیرانی کے یہاں ٹھہرے۔ وہیں سب دوستوں کی محفل جمی ہوئی تھی۔ ضمیر علی صاحب بھی اس محفل میں موجود تھے۔ بات چیت کے دوران انھوں نے سہراب مودی سے کہا کہ جناب ہمارے یہاں دو لڑکوں پر فلموں کا بڑا بھوت سوار ہے۔ اگر آپ ایک بار اُن سے بات کر لیں تو شاید یہ بھوت اُتر جائے۔ مودی صاحب فوراً رضامند ہو گئے اور بولے۔ "بُلالو، اچھا ہے۔۔۔ تھوڑی تفریح ہی سہی۔"

اگلے دن دونوں نوجوان لڑکوں کو مودی صاحب کے سامنے پیش کیا گیا۔ پہلا نمبر فراہیم کا تھا۔

"تم کیا بننا چاہتے ہو؟" مودی صاحب نے سوال کیا۔

"ہیرو۔" بڑے شرمیلے انداز میں فرّی نے جواب دیا۔

"کار چلانی آتی ہے؟"

"جی نہیں۔"

"موٹر سائیکل؟"

"جی نہیں۔۔۔ سائیکل چلالوں گا۔"

فرّی کا جواب سُن کر سب لوگ ہنس پڑے۔ اسی طرح کے کچھ اور سوال کر کے فراہیم کو کمرے سے باہر بھیج دیا گیا۔

اب باری امیر حیدر کی تھی۔ چھوٹے سے قد کا گورا چٹا نوجوان لڑکا جب سہراب مودی جیسی لمبی چوڑی قد آور شخصیت کے سامنے جا کر کھڑا ہوا تو انھوں نے حیران حیران

نگاہوں سے اِس خوبصورت لڑکے کی طرف نیچے سے اوپر تک دیکھا اور دِل میں سوچا کہ اتنا کم عمر اور معصوم لڑکا کیا فلموں میں کہانیاں لکھے گا؟ لڑکا مودی صاحب کے دِل کی بات بھانپ گیا اور اِس سے پہلے کہ مودی صاحب کوئی سوال کرتے، اُس نے برجستہ سہراب مودی سے کہا۔

"مودی صاحب۔۔۔ میں دیکھنے کی نہیں، سننے کی چیز ہوں۔"

چھوٹی سی عمر کے معصوم سے لڑکے کے منہ سے ایسی بڑی بات سُن کر مودی صاحب بہت متاثر ہوئے اور فوراً کہانی سننے کے لیے راضی ہوگئے۔ امیر حیدر نے بھی بغیر ایک لمحہ ضائع کیے ایک کہانی 'جیلر' کے عنوان سے مودی صاحب کو اس انداز میں سنائی کہ مودی صاحب نے نہ صرف کہانی پسند کی، بلکہ اس نوجوان کو بھی اپنے ساتھ ممبئی لے جانے کا فیصلہ کر لیا اور اسی وقت جیب سے روپے نکالتے ہوئے بولے۔

"نوجوان! یہ چار سو روپے رکھو اور بمبئی چلنے کی تیاری کرو۔ ہم وہاں تم کو بتائیں گے کہ اس کہانی کو فلم کے لیے کس طرح لکھا جائے گا۔ اب ہم کشمیر جا رہے ہیں، واپسی میں تم ہمارے ساتھ بمبئی چلو گے۔۔۔ تیار رہنا۔"

چار سو روپے اس وقت اپنے ہاتھوں میں تھامے ہوئے اس نوجوان کے دل کی دھڑکن بے قابو ہوئی جا رہی تھی اور ہاتھوں میں کپکپاہٹ ہونے لگی تھی، کیونکہ اب سے پہلے کبھی اس نے خواب میں بھی نہیں سوچا تھا کہ ایک کہانی کا معاوضہ اتنا بھی ہو سکتا ہے۔

امیر حیدر نے فوراً بازار جا کر ایک جوڑی نئے جوتے، دو تین نئے کُرتے، ایک ہولڈال اور ضرورت کا کچھ اور سامان خریدا اور مودی صاحب کی واپسی کا بے چینی سے انتظار کرنے لگا۔ مودی صاحب بات کے پکّے اور سچّے آدمی تھے۔ انھوں نے واپسی میں امیر حیدر کو بھی اپنے ساتھ لیا اور بمبئی پہنچ گئے۔ بمبئی پہنچ کر امیر حیدر نے 'منروا مووی

ٹون' کے لیے اُس کہانی کو 'جیلر' کے عنوان سے فلمی انداز میں سیّد امیر حیدر کمال کے نام سے لکھا۔

'جیلر' کی کامیابی کے بعد سہراب مودی نے اپنی شہرۂ آفاق تاریخی فلم 'پُکار' کی کہانی بھی سیّد امیر حیدر کمال سے لکھوائی۔ اس فلم نے کامیابی اور شہرت کے ایسے جھنڈے گاڑے کہ چاروں طرف کمال کے نام کا ڈنکا بج گیا اور "باادب، باملاحظہ ہوشیار۔۔" کی آواز پوری فلم انڈسٹری میں گونجنے لگی۔

کمال امروہی ہندوستانی سینما کے لیے ایک بہت بڑی شخصیت کے روپ میں فلم 'پکار' سے اپنے آپ کو منوانے میں کامیاب ہوئے۔ اُن کو اپنے آپ پر بہت بھروسہ تھا۔ یہی وجہ تھی کہ انھوں نے پہلی بار ایک قلمکار کے روپ میں یہ شرط رکھی کہ ان کا نام فلم کے پردے پر الگ سے ایک فریم میں دیا جائے گا۔

اس طرح ایک کہانی کار اور ایک مکالمہ نگار کی الگ سے پہچان کرانے میں کمال امروہی نے اس طرح پہل کی، ورنہ اس سے پہلے کہانی کار اور مکالمہ نگار کا نام فلمی پردے پر بہت سے ناموں کی بھیڑ میں کہیں چھوٹا موٹا سا آجاتا تھا۔ کہانی کار کو فلم انڈسٹری میں منشی کے نام سے پہچانا جاتا تھا اور اس کی کوئی خاص حیثیت نہیں ہوا کرتی تھی۔ یہاں تک کہ وہ فلم ساز یا ہدایت کار کے گھر کا کام اور بچوں کی دیکھ بھال تک کرلیا کرتا تھا۔

کمال امروہی نے پہلی بار فلم 'پکار' میں کہانی کار اور مکالمہ نگار کی حیثیت سے پردے پر الگ سے نام دے کر ایک خاص کردار ادا کیا۔ فلم 'پکار' اپنے مکالموں کی وجہ سے یہ ثابت کر سکی کہ کوئی فلم مکالموں کی بنیاد پر بھی کامیاب اور مقبول ہو سکتی ہے۔ اس فلم کے مکالمے ہی اس فلم کی خاصیت بن گئے تھے۔

ان ہی دنوں خواجہ احمد عباس نے کمال امروہی کی ایک کہانی 'آہوں کا مندر' کا

انگریزی میں ترجمہ کیا، جو بہت مقبول ہوئی۔ عباس نے ہی کمال امروہی کو 'بامبے ٹاکیز' کے ہمانشو رائے سے ملوایا اور صرف اُنیس برس کی عمر میں ہی بامبے ٹاکیز کے شعبۂ کہانی (اسٹوری ڈپارٹمنٹ) کے سربراہ کمال امروہی بن گئے۔

ہمانشو رائے کے انتقال کی وجہ سے کمال امروہی کی مشہور کہانی 'آہوں کا مندر' پر فلم بنتے بنتے رہ گئی۔ اب بامبے ٹاکیز کا تمام کام اشوک کمار دیکھتے تھے۔ کمال امروہی نے فلم 'محل' کی کہانی لکھی اور اس کے ساتھ ہی وہ پہلی بار ہدایت کاری کے میدان میں داخل ہوگئے۔ حالانکہ اس فلم کے تمام معاملات اشوک کمار کے ہاتھ میں تھے، مگر بینر بامبے ٹاکیز کا تھا۔ فلم 'محل' (۱۹۴۹) اپنے وقت کی کامیاب ترین فلم تھی۔ اسی فلم سے ہندوستانی سینما میں سسپنس فلموں کے دور کا آغاز ہوا اور اداکارہ مدھوبالا کی پہلی کامیاب فلم بھی 'محل' ہی تھی جس سے مدھوبالا کو پہچان ملی۔ اس فلم کے ایک گانے۔۔۔ "آئے گا آنے والا" سے لتا منگیشکر پر بھی کامیابی کے دروازے کھل گئے۔

ایک بار ایک دوست نے کمال امروہی کو کھانے پر مدعو کیا۔ وہاں ممتاز نام کی ایک خوبصورت لڑکی سے اُن کی ملاقات ہوئی۔ کھانے کی میز پر وہ لڑکی کمال امروہی کے بالکل سامنے بیٹھی تھی۔ جب وہ میز سے اُٹھ کر گئی تو کمال صاحب نے اپنے دوست سے دریافت کیا کہ کیا یہ لڑکی فلموں میں کام کرنا چاہتی ہے؟ اُن دنوں کمال صاحب کو فلم 'محل' کے لیے ہیروئن کی تلاش تھی۔ دوست نے بتایا کہ ممتاز کئی فلموں میں کام کر چکی ہے اور اس دعوت کا مقصد بھی یہی تھا کہ ممتاز (مدھوبالا کا اصلی نام) کو آپ سے ملوایا جائے۔ اس طرح چھوٹی فلموں کی اداکارہ ممتاز بڑی فلم 'محل' کی ہیروئن مدھوبالا بن گئی۔ اس میں کوئی شک نہیں کہ فلم 'محل' میں مدھوبالا بے حد خوبصورت دکھائی دی ہے اور اعلیٰ درجے کی فلموں کے لیے وہ اسی فلم سے اپنی پہچان بنا سکی۔

اشوک کمار اِس فلم کے ہیرو تھے۔ کمال امروہی کو ان کے مکالموں کی ادائگی پسند نہیں تھی۔ وہ اشوک کمار کو بالکل نئے انداز میں پیش کرنا چاہتے تھے۔ کمال امروہی نے فلم کی شوٹنگ درمیان میں ہی رُکوا دی اور تین ماہ تک وہ اشوک کمار کے ساتھ فلم کے مختلف مناظر پر اور اُس کہانی میں اشوک کمار کے کردار کے بارے میں بات چیت کرتے رہے۔ آخرکار جب اشوک کمار اس کردار میں پوری طرح اُتر گئے، تب کمال امروہی نے فلم کی شوٹنگ دوبارہ شروع کی اور نو دس ماہ میں ہی فلم مکمل کر کے نمائش کے لیے پیش کر دی۔

اشوک کمار کی انگلیوں میں دبی سگریٹ کا جلتے رہنا اور اُس کے جلنے سے اشوک کمار کا چونکنا اور اشوک کمار کے چلنے کا انداز، یہ سب فلم کی خصوصیات بن گئی تھیں۔ اس میں کوئی شک نہیں کہ فلم 'محل' ہندوستانی سینما کے لیے میل کا پتھر ثابت ہوئی۔

فلم 'محل' کے ہِٹ ہوتے ہی کمال امروہی کا نام ہندوستانی سینما پر چھا گیا اور پھر ۱۹۵۰ میں انھوں نے جب اپنی ذاتی فلم کمپنی قائم کی تو اس کا نام 'محل پکچرس' ہی رکھا۔ ۱۹۵۴ میں انھوں نے اپنی فلم 'دائرہ' بنائی جو ناکام ہوگئی۔ یہ فلم ایک ایسی عورت کی کہانی تھی جو غلط فہمی کا شکار ہو کر ایک بوڑھے شخص سے شادی کر لیتی ہے اور پھر شروع ہوتا ہے اس کے استحصال کا سلسلہ۔ اُس وقت یہ فلم ہندوستانی سینما کی پہلی آرٹ فلم کہلائی اور ایک تبصرہ نگار نے فلم 'دائرہ' دیکھ کر کہا کہ کمال امروہی نے یہ فلم اپنے وقت سے تیس برس قبل ہی بنا دی ہے۔ مینا کماری اس فلم کی ہیروئن تھیں۔

'محل پکچرس' کے قائم ہونے پر کمال امروہی نے ایک بہت خوبصورت فلم 'انارکلی' کے نام سے بنانے کا ارادہ کیا۔ اس فلم میں وہ مینا کماری کو ہیروئن لینا چاہتے تھے۔ ۱۹۵۱ میں ایک کار حادثے میں مینا کماری کے بائیں ہاتھ کی ایک انگلی ٹوٹ گئی تھی اور وہ پونا کے

ایک اسپتال میں زیرِ علاج تھیں۔

کمال امروہی ہاتھوں میں گلدستہ لیے، آنکھوں میں 'انارکلی' کا خواب سجائے اور دل میں میناکماری کی چاہت کا جذبہ لے کر مزاج پُرسی کے لیے اسپتال گئے اور اپنی اردودانی کا ایسا سکّہ جمایا کہ میناکماری دل و جان سے کمال پر فدا ہو گئی۔ میناکماری کے والد علی بخش کو یہ عشق پسند نہیں آیا۔

آخرکار ۱۵ فروری ۱۹۵۲ کو میناکماری نے اپنے والد اور دونوں بہنوں کی مرضی کے خلاف کمال امروہی سے نکاح کر لیا۔ اس طرح کمال امروہی کی 'انارکلی' تو نہ بن سکی، مگر میناکماری ان کے دل کی دھڑکن ضرور بن گئی اور اس کے ساتھ ہی 'دائرہ' بن کر فلاپ بھی ہو گئی۔ اس وقت کمال امروہی کی امروہہ والی بیوی محمودی بیگم سے، دو لڑکے شاندار کمال، تاجدار کمال اور ایک لڑکی رخسار کمال تھے۔

کمال امروہی کی پہلی بیوی کا نام ماہِ رُخ بتول تھا اور وہ بے حد خوبصورت عورت تھیں۔ کمال امروہی پیار سے ان کو 'بابو' کہا کرتے تھے۔ شادی کے ایک برس بعد ہی پہلے بچّے کی پیدائش کے وقت ان کا انتقال ہو گیا تھا۔ کمال امروہی کی دوسری شادی بھی امروہہ میں ہی آلِ زہرہ عرف محمودی بیگم سے ہوئی۔ یہ تینوں بچّے ان کی اسی بیوی سے ہیں۔ میناکماری ان کی تیسری بیوی تھیں اور ان کو کمال امروہی کے تینوں بچّوں سے بے حد پیار تھا۔ بچّے بھی میناکماری کو بہت چاہتے تھے اور پیار سے چھوٹی امّی کہہ کر پکارتے تھے۔

میناکماری کے انتقال (۱۹۷۲) اور فلم 'پاکیزہ' کی بے پناہ کامیابی کے بعد کمال امروہی نے رامپور کی ایک بہت خوبصورت لڑکی بلقیس سے نکاح کر لیا۔ اُن کی یہ چوتھی بیوی اتنی خوبصورت تھی کہ فلم 'رضیہ سلطان' کی شوٹنگ پر جب وہ کمال صاحب کے ساتھ آتی

تھیں تو ہیما مالینی کی خوبصورتی بھی ماند پڑ جاتی تھی۔ 'رضیہ سلطان' کی ناکامی سے ٹوٹ کر جب کمال امروہی بہت بیمار رہنے لگے تو انھوں نے بلقیس کو ایک بڑی رقم (شاید پچاس لاکھ) دے کر اپنی طرف سے آزاد کر دیا۔

'دائرہ' کی ناکامی کے بعد کمال امروہی نے ایک حسین خواب دیکھا اور فلم 'پاکیزہ' کی تیاری شروع کر دی۔ کمال امروہی اس فلم کو اپنی زندگی کا ایک شاہکار بنانا چاہتے تھے۔ مینا کماری اس فلم کی ہیروئن بھی تھیں اور کمال امروہی کی بیوی بھی۔ کمال امروہی کے پرسنل سکریٹری باقر علی کو یہ ہدایت تھی کہ مینا کماری کے میک اپ روم میں کسی کو جانے کی اجازت نہ دی جائے۔

اُن دنوں گلزار مشہور فلم ساز و ہدایت کار بمل رائے کے اسسٹنٹ تھے اور شاعری بھی کرتے تھے۔ بمل رائے کے کسی کام سے گلزار مینا کماری سے ملنے اسٹوڈیو گئے تھے اور ان کے میک اپ روم میں اپنی نظمیں سنا رہے تھے۔ باقر علی سے اسی بات پر مینا کماری کا جھگڑا ہو گیا اور مینا کماری یہ کہہ کر اپنے بہنوئی مزاحیہ اداکار محمود کے گھر چلی گئی کہ جب کمال امروہی خود اُسے بلانے آئیں گے، تبھی وہ کمال صاحب کے گھر واپس جائے گی۔

کمال صاحب بھی بڑے خوددار انسان تھے۔ لہٰذا 'پاکیزہ' کی شوٹنگ درمیان میں ہی رُک گئی۔ کمال صاحب کی بھی ضد تھی کہ مینا کے بغیر 'پاکیزہ' مکمل نہیں کریں گے۔ اس درمیان 'پاکیزہ' کے ساتھ بھی کئی حادثے ہوئے۔ ایک بار اسٹوڈیو میں آگ لگنے سے تمام کاسٹیوم اور قیمتی سامان جل کر خاک ہو گیا۔

اسی درمیان بطور فلم ساز کمال امروہی نے کشور ساہو کی کہانی اور اُن ہی کی ہدایت میں فلم 'دل اپنا اور پریت پرائی' کی تکمیل کی اور یہ فلم بہت کامیاب ثابت ہوئی۔

یہ بات بہت کم لوگوں کو معلوم ہے کہ کے۔ آصف نے اپنی مشہور زمانہ فلم 'مغل

اعظم' کی کہانی سب سے پہلے کمال امروہی سے ہی لکھوائی تھی، اور یہ وہی کہانی تھی جس پر 'انارکلی' کے نام سے کمال امروہی خود ایک فلم بنانا چاہتے تھے۔ بعد میں دونوں میں کسی بات پر خیالات کا ٹکراؤ ہو گیا اور کے۔ آصف نے تین دوسرے ادیبوں، (وجاہت مرزا چنگیزی، امان اللہ خان اور احسن رضوی) کے ساتھ ہی کمال امروہی کو بھی شامل کر کے ایک ٹیم بنائی اور الگ الگ مناظر اِن ادیبوں سے لکھوائے۔ حالانکہ اس فلم کے مناظر کو سنوارنے اور مکالموں کو بھاری بھر کم بنانے میں کمال امروہی نے سب سے زیادہ محنت کی تھی۔

اسی کے ساتھ مجھے ۱۴مارچ ۱۹۷۴ کا وہ دن یاد آیا جب میں نے کمال امروہی سے ان کے امروہہ والے گھر کے آنگن میں بیٹھ کر تقریباً ڈیڑھ گھنٹہ طویل انٹرویو کیا تھا، اور اُس کے بعد بھی بہت سی فلمی اور ذاتی باتیں آوٹ آف دی ریکارڈ انھوں نے بتائی تھیں۔ فلم 'پاکیزہ' زبردست کامیاب ہو چکی تھی، اور وہ اپنی اگلی فلم 'رضیہ سلطان' کا خاکہ ذہن میں بنا رہے تھے۔ اس کے ساتھ ہی ان کو ایک اور فکر نے گھیرا تھا، اور وہ یہ کہ کمال امروہی چاہتے تھے کہ ان کی چہیتی بیٹی رُخسار زہرا کی شادی اُن کے وطن امروہہ میں ان کے شایانِ شان ہونی چاہیے۔ لہٰذا انھوں نے اپنے آبائی مکان کے اُس حصے کو نئے سرے سے تعمیر کرانے کا ارادہ کیا، جو انھوں نے اپنے تایہ زادوں کے پاکستان چلے جانے پر کسٹوڈین سے خریدا تھا، اور یہ تایہ زادے کوئی اور نہیں، بلکہ عالمی شہرت یافتہ رئیس امروہی، جون ایلیا، سید محمد تقی اور سید محمد عباس جیسے جید لوگ تھے، جن کا بچپن اور نوجوانی کا کچھ حصہ اسی گھر کے آنگن میں کھیلتے، کودتے، لکھتے اور پڑھتے ہوئے گزرا تھا۔ کمال امروہی نے اس مکان کو قدیم وجدید طرز تعمیر کے مطابق بنوایا، اور ۵جون ۱۹۷۶ کو بڑی دھوم دھام سے اپنے بزرگوں کے مکان کی اُسی ڈیوڑھی سے اپنی دُلاری لاڈلی بیٹی

رُخسار زہرا کو رُخصت کیا، جسے پیار سے وہ 'بٹیا' کہا کرتے تھے۔ راقم الحروف بھی اس شادی میں شریک تھا۔

اُسی انٹرویو میں کمال صاحب نے اپنے قلم سے لکھے ہوئے چند یادگار مکالمے بھی سنائے تھے جن سے اُن کے قلم کی جادوگری کا بخوبی اندازہ ہوتا ہے۔

فلم 'مغل اعظم' کا ایک منظر، جو آصف صاحب نے فلم میں شامل نہیں کیا، کمال امروہی کو بہت پسند تھا اور فلم میں اس منظر کو شامل نہ کیے جانے کا دُکھ بھی تھا۔ اُنھیں کے الفاظ میں۔۔۔

فلم 'مغلِ اعظم' کا ایک جملہ، جو میں نے لکھا تھا اور مجھے بہت پسند تھا، مگر بدقسمتی سے وہ فلم میں نہیں آیا۔ نہ معلوم کیوں آصف صاحب نے اس کا استعمال نہیں کیا۔ وہ سین کچھ اس طرح تھا۔۔۔

سلیم ایک شہزادہ تھا اور انارکلی ایک کنیز تھی۔ ایک رات سلیم کو نیند نہیں آتی اور اُسی بیقراری کے عالم میں وہ اپنے بستر سے اُٹھ جاتا ہے اور دُرجن سنگھ سے کہتا ہے کہ میں ابھی انارکلی سے ملنے اس کے حجرے میں جا رہا ہوں، جہاں وہ اس وقت موجود ہے۔ دُرجن سنگھ بہت منع کرتا ہے اور کہتا ہے کہ اتنے بڑے ہندوستان کا شہزادہ کنیزوں اور غلاموں کے گھر جائے گا، یہ مناسب نہیں ہے۔ کل جب یہ بات اکبر اعظم کو معلوم ہوگی تو کتنا افسوس ہوگا۔ سلیم کیوں کہ بڑا ہی ضدّی اور ہٹھیلا تھا، اس لیے نہیں مانتا اور دُرجن سنگھ کو اپنے ساتھ لے جاتا ہے۔

سلیم کمند ڈال کر اُوپر اٹاری میں پہنچ جاتا ہے۔ نیچے دُرجن سنگھ پہرہ دے رہا ہے۔ سلیم نے دیکھا کہ شمع کی روشنی میں انارکلی سو رہی ہے اور شاید خواب میں سہم رہی ہے اور اس لیے سہم رہی ہے کہ شاید وہ خواب میں شہزادے کو ہی دیکھ رہی ہے اور ساتھ ہی کچھ

سمٹ بھی رہی ہے۔ نہ جانے خواب میں کیا ہوا کہ گھبرا کر اس کی آنکھ کھُل گئی اور اس نے دیکھا کہ شہزادہ خود اُس پر جھکا ہوا اُسے غور سے دیکھ رہا ہے۔ اس کو یقین نہیں آیا اور وہ سمجھتی رہی کہ یہ شاید خواب ہی ہے اور میں جاگ نہیں رہی ہوں۔

تب اچانک سلیم اس سے کہتا ہے کہ تُم جاگ اُٹھی ہو اور یہ خواب نہیں ہے۔ میں حقیقت میں تمھارے قریب موجود ہوں۔ تب وہ گھبرا کر اُٹھ جاتی ہے اور سوال کرتی ہے۔ "آپ یہاں کیسے آ گئے؟ اس وقت اگر آپ کو یہاں دیکھ لیا گیا تو مجھ پر بڑی مصیبت نازل ہو گی۔"

سلیم کہتا ہے۔ "یہ تو رات کا وقت ہے اور اس اندھیرے میں مجھے یا تمھیں کوئی نہیں دیکھ سکتا۔" انارکلی کہتی ہے۔ "عالم پناہ کی نگاہیں پتّھر کی دیواروں میں دراڑیں ڈال کر دیکھا کرتی ہیں۔"

یہ سُن کر شہزادہ غصہ میں آجاتا ہے اور انارکلی کو بستر سے اُٹھا لیتا ہے، کہتا ہے۔ "کیا تو ہر وقت اکبر اعظم سے سہمتی رہے گی؟ ابھی تک تجھے یہ معلوم نہیں کہ کون تجھ سے محبت کرتا ہے۔۔۔ آ۔۔۔ آج میں تجھے اپنا تعارف کراؤں۔۔۔ وہ صرف اکبر اعظم ہیں اور میں اُن کے ماتھے پر پڑا ہوا وہ نشان ہوں جو شیخ سلیم چشتی کی درگاہ کی چوکھٹ پر رگڑتے رگڑتے پیدا ہوا ہے۔" یہ کہہ کر وہ انارکلی کو بستر پر پھینک دیتا ہے اور اس کے حجرے سے باہر نکل آتا ہے۔"

کمال امروہی کے قلم میں جادو تھا۔ وہ مکالموں کو اس طرح سجا سنوار کر لکھتے تھے کہ مکالمے اپنا پورا اثر فلم بینوں پر چھوڑتے تھے۔ اسی طرح جب کمال امروہی نے فلم 'بہرام خاں' لکھی تو اس کے ایک منظر میں اکبر اعظم کو کسی نے بہکایا کہ بہرام خان آہستہ آہستہ تمھارے نیچے سے تختِ سلطنت کو کھینچ رہا ہے اور اپنے لیے تخت سلطنت کی بنیاد رکھ رہا

ہے، جس کی دلیل یہ دی گئی کہ اس کے یہاں اب اولاد بھی ہو گئی ہے (عبدالرحیم خانخانہ)۔ تب اکبر کو یقین آگیا کہ واقعی یہ سب سے بڑا سیاستداں ہے۔ اب اس کے یہاں اولاد بھی ہو گئی ہے اور یہی حکومت کی ریڑھ بھی ہے۔ یہ جب چاہے سلطنتِ مغلیہ کو اُلٹ سکتا ہے۔ یہ خبر بہرام خاں تک بھی پہنچ گئی اور چونکہ وہ انتہائی وفادار تھا، اس لیے اس کو بہت رَنج ہوا اور وہ اپنی صفائی دینے کے لیے خود اکبر کے سامنے حاضر ہوا۔ اپنی صفائی میں اس کے منہ سے ایک ہی جملہ نکلا۔

"یہ وہ جملہ ہے جو مجھے میرے لکھے ہوئے مکالموں میں بے حد پسند ہے۔"

کمال صاحب یاد کرتے ہوئے بتاتے ہیں۔

"بہرام خاں نے کہا تھا۔۔۔ "ہاں مہابلی! بہرام باغی ہے۔ وہ بہرام، جس نے سلطنت مغلیہ کی حدود کو دھکیلتے دھکیلتے اور ان سرزمینوں میں اپنا گھوڑا دوڑاتے دوڑاتے اتنا وقت گزار دیا کہ اس کے گھوڑوں کی ٹاپوں سے جو گرد اُڑی، اس گرد سے اُس کی دلہن کا سر سفید ہو گیا۔۔۔" یہ سُن کر اکبر بھی رو دیا۔"

کمال صاحب 'پاکیزہ' کا ایک مکالمہ جو انھیں بہت پسند تھا، سناتے ہیں۔۔۔ "اسی طرح فلم 'پاکیزہ' میں جب اشوک کمار اپنی محبوبہ سے باہر کہیں نکاح کر کے اسے اپنے گھر لے کر آتے ہیں، تو ان کے باپ نے کہا۔۔۔ "یہ ایک بازاری گالی ہے جو تم ہمارے خاندان کو نہیں دے سکتے۔"

اسی طرح فلم 'رضیہ سلطان' میں جب شہزادہ رکن الدین کی عیاشیوں اور مظالم کی خبر سن کر بادشاہ التمش رضیہ کو کمان سونپ کر واپس آتا ہے تو فریادی کی فریاد سن کر تلوار ہاتھ میں لیے شہزادے کی تلاش میں جاتا ہے جو اپنی ماں شاہ ترکان کی پشت کے پیچھے چھپا بیٹھا ہے۔ وہاں بادشاہ اپنی بیوی شاہ ترکان سے کہتا ہے کہ۔۔۔

"یہ تیرے بدچلن بیٹے میرے کسی ایسے ناکردہ گناہ کی سزا ہیں جو شاید اب مجھے بھی یاد نہیں۔"

یہ کمال امروہی کے دل کی آواز تھی جو انھوں نے اپنے قلم کے ذریعے فلمی اسکرین پر رقم کر دی تھی۔

اُردو کے مقبول ترین اور عظیم افسانہ نگار سعادت حسن منٹو نے فلم 'پکار' دیکھ کر اُن کی زبان اور لہجے کے بارے میں بہت متاثر ہو کر ایک تبصرے میں لکھا تھا۔۔ "زبان بھی سیّد امیر حیدر کمال کی، اعلیٰ اور پُر جلال زبان۔"

کمال امروہی کی صلاحیتوں کا یہ عالم کہ فلم 'پاکیزہ' کے ایک سین میں جب فلم کے ہیرو راجکمار شادی کرنے کے لیے ہیروئن مینا کماری کو لے جا رہے ہیں تو راستے میں ایک اوباش قسم کے شخص سے جھگڑا ہو جاتا ہے اور پولیس فریقین کو تھانے میں لے جاتی ہے، جہاں ایک بزرگ اور شفیق سے تھانیدار صاحب جب راجکمار سے دریافت کرتے ہیں کہ آپ کیا کرتے ہیں؟ تو جواب میں راجکمار بتاتے ہیں کہ وہ ایک فاریسٹ آفیسر ہیں۔ تھانیدار صاحب کھڑے ہو جاتے ہیں اور بڑے مشفقانہ لہجے میں کہتے ہیں کہ۔۔۔ "آپ جیسے بارُتبہ شخص کا اس معاملے میں تھانے میں آنا اچھا نہیں لگا۔ آپ جا سکتے ہیں۔" کمال صاحب کے قلم کا کمال یہ تھا کہ وہ ایک ہی جملے میں پورے سین کو سمیٹ کر لکھ دیتے تھے۔

'پاکیزہ' ابھی ادھوری ہی تھی، جب مینا کماری، کمال امروہی کا گھر چھوڑ کر اپنے بہنوئی مزاحیہ اداکار محمود کے گھر چلی گئی تھیں۔ کمال کی ضد تھی کی وہ 'پاکیزہ' کو مینا کے بغیر مکمل نہیں کریں گے۔ لہٰذا کئی برس کے بعد سنیل دت، نرگس، خیام اور چترا کی کوششوں سے مینا کماری اور کمال امروہی کے درمیان 'پاکیزہ' کو مکمل کرنے کا سمجھوتہ ہوا

اور اس طرح ۱۴برس کے لمبے عرصے کے بعد جب 'پاکیزہ' مکمل ہو کر پردۂ سیمیں پر آئی تو اس کی کامیابی دیکھنے کے لیے مینا کماری زیادہ دن زندہ نہ رہ سکیں۔ ۴فروری ۱۹۷۲کو ممبئ میں اور ۱۲فروری ۱۹۷۲کو پورے ہندوستان میں 'پاکیزہ' نمائش کے لیے پیش ہوئی اور ۳۱ مارچ ۱۹۷۲کو مینا کماری نے اس جہانِ فانی کو الوداع کہا۔

کمال امروہی کی اس فلم نے کامیابی کے نئے ریکارڈ قائم کیے۔ اس کے ساتھ ہی کمال صاحب کے پاس بہت سے فلمسازوں کے آفر آئے، مگر کمال صاحب نے 'رضیہ سلطان' کے روپ میں ایک اور حسین خواب دیکھنا شروع کر دیا تھا۔ ہیما مالینی اور دھرمیندر کو لے کر بڑے عالیشان انداز میں اس فلم کو شروع کیا گیا۔ یہ ایک تاریخی فلم تھی اور اس کی شوٹنگ پر روپیہ پانی کی طرح بہایا جا رہا تھا۔

کمال صاحب بڑی محنت سے یہ فلم بنا رہے تھے۔ اپنے وقت کی اس سب سے مہنگی فلم کو فلم بینوں نے قبول نہیں کیا اور کمال صاحب کو بہت بڑی ناکامی کا منہ دیکھنا پڑا۔ دس برس کی محنت اور لگ بھگ ساڑے چھ کروڑ کی لاگت سے بنی یہ شاندار فلم پہلے ہی ہفتے میں فلاپ ہو گئی۔ اسی درمیان ان کے چھوٹے بیٹے تاجدار امروہی نے کمال امروہی کی کہانی پر ایک چھوٹے بجٹ کی فلم 'شنکر حُسین' بنائی، اس فلم کے گیت کافی مقبول ہوئے، مگر فلم نہ چل سکی۔ اس فلم کی ہدایت کمال امروہی کے معاون ہدایت کار یوسف نقوی نے دی تھی اور اس فلم کا موضوع قومی یکجہتی تھا۔

کمال صاحب پرفیکشن (Perfection) کے حامی تھے۔ کتنا ہی پیسہ لگ جائے، کتنا ہی وقت لگ جائے کوئی پرواہ نہیں، مگر سین میں پرفیکشن آنا چاہیے۔ فلم 'رضیہ سلطان' کے زمانے میں انھوں نے ایک شاہی دعوت کے سین میں دیسی گھی کے کھانے بنوائے تھے۔ جب لوگوں نے اس بارے میں دریافت کیا کہ کیمرے میں دیسی گھی یا ڈالڈا گھی کے

بارے میں کیا پتہ چلے گا؟ تب کمال صاحب نے کہا تھا کہ بادشاہ کی طرف سے دعوت ہو رہی ہے۔ دعوت میں جو لوگ شامل ہیں جب وہ دیسی گھی کے کھانے تناول فرمائیں گے تو اُن کے چہرے کے تاثرات سے پتہ چلے گا کہ وہ کتنا لذیذ کھانا کھا رہے ہیں۔

اسی طرح 'پاکیزہ' میں مینا کماری کا جھمکا گلاب سے بھری ہوئی حوض میں گر جاتا ہے اور اس کی کنیز کی بڑی خواہش ہے گلاب کے حوض میں نہانے کی۔ جب وہ جھمکا تلاش کرنے حوض میں کودتی ہے اور باہر نکلتی ہے تو اس کے چہرے کے تاثرات سے پتہ چلتا ہے کہ آج گلاب کے پانی میں نہا کر وہ کتنی خوش ہے۔ اس طرح کمال صاحب آرام آرام سے اپنی مرضی کی فلم بناتے تھے۔ فلم بنانا ان کی مجبوری یا ان کا دھندا نہیں تھا بلکہ وہ اپنے شوق کی تکمیل کے لیے فلم بناتے تھے۔

فلمی دنیا کے لیے ان کی حیثیت کئی طرح سے قابل قدر ہے۔ وہ جب سہراب مودی کے لیے فلم 'جیلر' لکھ رہے تھے تو فلمی ادیبوں میں سب سے کم عمر کے ادیب تھے۔ فلموں میں کہانی کاروں اور مکالمہ نگاروں کی کوئی وقعت کمال امروہی سے پہلے نہیں تھی۔ انھوں نے ادیبوں کو ایک خاص، قابل احترام اور اہم مقام دلانے میں پہل کی۔ فلم 'محل' کی ہدایت اور کہانی لکھ کر انھوں نے ہندوستانی سنیما میں سسپنس فلموں کا آغاز کیا۔ اشوک کمار اور مدھوبالا کو نئے انداز میں پیش کر کے معیاری سینما کے لیے ایک خاص حیثیت بخشی۔ اردو زبان کے خوبصورت اور سجے سنورے شاندار، پُروقار مکالموں کی داغ بیل فلم 'پکار' سے ڈالی۔ 'دائرہ' کے روپ میں ہندوستانی سینما کی پہلی آرٹ فلم بنائی۔ 'آئے گا آنے والا۔۔۔' گیت 'محل' کے لیے گا کر لتا منگیشکر بھی ہندوستانی فلم سنگیت میں اپنا مقام بنا سکیں۔

کمال امروہی نے کہانی کار اور مکالمہ نگار کی حیثیت سے جیلر، پکار، محل، دائرہ، میں ہاری، شاہجہاں، بہرام خاں، رومیو جولیٹ، مزار، پھول، دل اپنا اور پریت پرائی، مغل

اعظم، بھروسہ، پاکیزہ، شنکر حسین اور 'رضیہ سلطان' جیسی فلمیں ہندوستانی سینما کو دیں۔

'رضیہ سلطان' کے بعد وہ 'آخری مغل' نام سے بہادر شاہ ظفر کی زندگی پر ایک فلم بنانا چاہتے تھے، مگر خود ان کی زندگی نے ساتھ نہیں دیا۔ اس کے ساتھ ہی راجیش کھنّہ کے ساتھ فلم 'مجنوں' بھی شروع کی تھی، مگر ۱۵ لاکھ روپے خرچ کر کے فلم کا شاندار مہورت ہوا اور فلم اس سے آگے نہ بڑھ سکی۔ کمال صاحب کے کئی خواب ادھورے رہ گئے۔ جھگّی جھونپڑی میں سیکس کے پرابلم کو لے کر بھی وہ ایک فلم بنانا چاہتے تھے۔ مگر ان کی گرتی ہوئی صحت نے اس پروجیکٹ کو بھی آگے نہ بڑھنے دیا۔

انھوں نے اپنی فنی اور تخلیقی زندگی میں اعلیٰ درجے سے کسی قدر کم درجے کی تخلیق سے کبھی کوئی سمجھوتہ نہیں کیا۔ وہ فن اور تخلیقِ فن کی دنیا کے بے حد غیر مطمئن آدمی تھے۔ وہ خود کمال تھے اور انھیں ہر لمحہ کمال کرنے کی جستجو ستاتی رہتی تھی۔

اعلیٰ مرتبے کے تخلیق کار ہمیشہ خوابوں کی دنیا میں رہتے ہیں۔ اُن کا معاملہ بھی یہی تھا۔ وہ ایک مثالیہ پسند، یا آدرش وادی (Idealistic) شخصیت کے مالک تھے۔ وہ ایک ادیب اور ایک فنکار کی حیثیت سے ہمیشہ ایک اعلیٰ اور ارفع ادب پارے اور فنی شاہکار کی تلاش اور طلب میں رہتے تھے۔ انھوں نے ہمیشہ یہی خواہش رکھی کہ عوام ان کی سطح تک پہنچیں۔ وہ اردو ادب کی تاریخ اور تہذیب کے شاہکار تھے۔

اردو زبان اور فلموں کو کئی تاج محل، دربار عام، دربار خاص جیسے شاہ کار عطا کرنے والے اس فن کار نے ۱۱ فروری ۱۹۹۳ کو دِل کی حرکت بند ہو جانے سے باندرہ، بمبئی کے ایک نرسنگ ہوم میں اِس جہان فانی کو الوداع کہا۔ اس طرح ہندوستانی سینما کا ایک دَور ختم ہو گیا۔

***

فلم میکنگ اور ڈراما

مزمل سرکھوت

علامہ اقبال نے کسی خاص نقطہ نظر کے تحت کہا ہے مگر یہ بات تو تقریباً ہر شعبہ حیات پر صادق آتی ہے کہ۔

تھا جو ناخوب بتدریج وہی خوب ہوا

کہ غلامی میں بدل جاتا ہے قوموں کا ضمیر

فلم میکنگ کا شعبہ یوں تو غلامی سے کوئی علاقہ نہیں رکھتا مگر اس شعر کے پہلے مصرعے کی بات اس شعبہ پر صد فی صد درست ثابت ہوتی ہے۔ ہمارے معاشرے میں فلم بندی یا عکس بندی کا تصور شروع ہی سے مبہم رہا ہے۔ ایک طبقہ اس کی مخالفت پر کمربستہ ہے اور اسے مذہبی طور پر ممنوع قرار دیتا آرہا ہے۔ دوسرا طبقہ اس کے استعمال بلکہ اس میں اپنی کارکردگی (مظاہرے) تک کو جائز سمجھتا رہا ہے۔ ان دو انتہاؤں کے درمیان ایک اور طبقہ موجود رہا ہے جو بوقتِ ضرورت فلم میکنگ کو جائز سمجھتا رہا ہے۔

فلم میکنگ ہے کیا؟ سب سے پہلے اسے سمجھنا چاہیے۔ یہ ایک ایسا شعبہ ہے جس میں چلتی پھرتی تصویریں ہوتی ہیں، اداکاری کرتے ہوئے کردار ہوتے ہیں۔ ان تصویروں یا ان کرداروں کے ذریعے فلم کار کسی سماجی، سیاسی یا معاشی اور تفریحی موضوع کو لوگوں تک پہنچاتا ہے۔ کسی اہم پیغام کو عام کرنے کا بھی یہ ایک اہم ذریعہ ہے۔ کسی موضوع کی

فلم بندی کی نمائش کا بڑا فائدہ یہ ہے کہ کم وقت میں دنیا بھر میں اپنی بات کی ترسیل ہو جاتی ہے۔ فلم میکنگ میں ارادہ، منصوبہ بندی، جدید تکنالوجی سے واقفیت، دنیا کے حالات پر نظر ضروری اجزا اقرار پاتے ہیں۔ ہمارے یہاں جو طبقہ فلم میکنگ یا کسی بھی قسم کی عکس بندی کا مخالف رہا ہے وہ بھی اب اس کی اہمیت کا طرفدار ہو رہا ہے۔ اس کی وجہ یہ ہے کہ دن بہ دن وجود میں آنے والی تکنالوجی نے آسانیاں پیدا کردی ہیں وہیں پر ہمیں آسائشوں میں بھی مبتلا کرنے کا کام کیا ہے۔ ہماری خواہشات بھی بے لگام ہوتی جارہی ہیں۔خود شناسی کے جراثیم بھی ہم میں سرایت کرتے جارہے ہیں۔شادی بیاہ کے موقعوں پر جس طرح پہلے شوٹنگ کے لیے نارضامندی نظر آتی تھی اب وہ کم ہوتی جارہی ہے۔ لوگ باگ اپنی مرضی سے شادی بیاہ کی ویڈیو گرافی کرتے ہیں۔ اور اسے یادگار کے طور پر محفوظ کرلیتے ہیں۔ اس طبقے کے لوگ جو شادی بیاہ کے موقعوں پر بھی شوٹنگ کی مخالفت پر کمربستہ ہوتے تھے ان میں بھی اب خودنمائی کا ذوق ابھر رہا ہے۔ تاہم اس بات کے قبول کرنے میں بھی کسی قسم کی جھجھک نہیں ہونی چاہیے کہ کچھ لوگ آج بھی تصویر کشی اور فلم میکنگ کو اسی نظر سے دیکھتے ہیں جہاں وہ بدعت اور مردود عمل ٹھہرائے جاتے ہیں۔ لیکن اس کو کیا کیا جائے کہ نئی تکنالوجی کا یہ تیز رفتار گھوڑا (فلم میکنگ) بغیر اجازت اور خواہش کے بھی زندگی میں دخیل ہوا جارہا ہے۔ دنیا کے غیر محفوظ ہونے اور زندگی کے خطرے میں گھرے رہنے کی وجہ سے نئی دریافت کی طلب دنیا کے ہر معاشرے میں بڑھی ہوئی ہے۔ وہ نئی دریافت سی سی ٹی وی کیمرے ہیں۔ یہ کیمرے صرف آپ کی تصویر نہیں اتارتے بلکہ وہ شوٹنگ بھی کرتے ہیں۔ آپ چاہیں یا نہ چاہیں آپ اس کی گرفت سے بچ نہیں سکتے۔ سنیما گھروں میں، بڑے بڑے ہسپتالوں میں، شاپنگ مالس میں تقریباً ہر جگہ انھوں نے اپنا وجود لازم کرلیا ہے۔ کئی ذرائع سے فلم

میکنگ ہماری زندگی میں سرایت کر گئی ہے۔ سی سی ٹی وی کیمروں کی جہاں تک گفتگو ہوگی،اس میں شوٹنگ کے لیے پہلے سے کسی قسم کی منصوبہ بندی کی ضرورت نہیں ہوتی، کسی فلم میکر، سرمایہ دار، کردار، مناظر وغیرہ کی حد بندی کی گنجائش نہیں ہوتی۔ کیمرہ غیر محسوس طور پر آپ کی حرکتیں قید کرتا جاتا ہے اور اہم موقع پر یا ضرورت پڑنے پر اس کی نمائش بھی کرتا رہتا ہے۔

فلم میکنگ کو فلم کرافٹ اور فلم پروڈکشن کا شعبہ بھی کہا جاتا ہے۔ فلم میکنگ کے لیے ایک جامع تصور، ایک پلاٹ، ایک کہانی، کردار، مکالمے، شوٹنگ، ترتیب، فلم بندی جیسے عناصر ضروری قرار پاتے ہیں۔ فلم میکنگ کے مختلف مراحل ہوتے ہیں، ان میں اول کہانی کا تانا بانا بنا جاتا ہے، اس پر مالی تخمینہ طے کیا جاتا ہے۔ دوسرے مرحلہ میں کردار اور شوٹنگ کی جگہوں اور تاریخوں کا تعین ہوتا ہے۔ تیسرے مرحلے میں مقررہ منصوبے کے مطابق تمام کام انجام دیے جاتے ہیں۔ چوتھا مرحلہ شوٹنگ (عکس بندی یا فلم بندی) کی ترتیب و ادارت پر صرف کیا جاتا ہے، کہ جو فلم بنی ہے یا جو شوٹنگ ہوئی ہے، اس میں کتنے مناظر، کتنے مکالمے یا کتنے کرداروں کے غیر اہم حصوں کو حذف کرنا ہے یا اس شوٹنگ میں کسی قسم کی کمی رہ گئی ہو تو اس کی تکمیل پر توجہ دی جاتی ہے۔ یعنی فلم کی نوک پلک درست کرنے کا اہم کام اس مرحلے میں ہوتا ہے۔ اس کے بعد فلم نمائش کے لیے بازار میں پیش کی جاتی ہے۔ تقسیم کار فلم کو مختلف سنیما گھروں میں پہنچا دیتے ہیں۔ فلم میکنگ کا شعبہ مکمل طور پر منحصر ہوتا ہے فلم میکر پر۔ فلم تین طرح کی بنائی جاتی ہیں۔ فیچر فلم، دستاویزی فلم اور اشتہاری فلم۔ ان اقسام میں وقفہ ایک واضح امتیاز پیدا کرتا ہے۔ فیچر فلموں کا دورانیہ دو سے تین گھنٹوں پر محیط ہوتا ہے، دستاویزی فلموں کے دورانیہ کی پیمائش ذرا مشکل ہے مگر رائج تصور کے لحاظ سے اس کا وقفہ ایک سے دو گھنٹوں پر محیط ہوتا

ہے، اشتہاری فلموں کا دورانیہ سیکنڈوں کا ہوتا ہے۔ تینوں اقسام میں جو بات مشترک ہے وہ فلم میکنگ ہے اور فلم میکر ہے۔

فلم میکر: فلم میکنگ کے شعبے میں یہ سب سے اہم کردار ہے۔ کسی واقعہ، کسی خبر، کسی پالیسی کے متعلق کوئی پروجیکٹ عوام کے سامنے لانے کی ساری ذمہ داری فلم میکر کی ہوتی ہے۔ اسے سوتر دھار کہتے ہیں۔ فلم میکر عوامی تقاضے، حکومتی اعلانات، روز مرہ کے واقعات سے واقفیت رکھتا ہے۔ فلم میکر اپنے موضوعات زندگی کے کسی بھی شعبے سے منتخب کرنے کے لیے آزاد ہوتا ہے۔ فلم میکنگ کا شعبہ آزاد خیالی کا متقاضی ہے۔ کوئی فلم میکر اپنی ذاتی پسند یا اپنی جذباتی وابستگی کی بنا پر کسی پروجیکٹ کی تکمیل کا ارادہ کرتا ہے تو اسے اس بات کا بھی خیال رکھنا ضروری ہوتا ہے کہ اس پروجیکٹ (کہانی) کو لے کر عوامی سطح پر مقبولیت یا پسندیدگی کی ضمانت یا امید کیا ہو گی۔ فلم میکر نہ صرف اپنی خالص سوچ کو منظر عام پر لانے کے لیے جتن کرتا ہے بلکہ اس کی نگاہ میں عوام کی پسند ناپسند کا گراف بھی ہوتا ہے، وہ اپنے پروجیکٹ کو اس انداز میں مشتہر کرتا ہے کہ لوگوں میں تجسس کی لہر پیدا ہو جائے، انتظار نمائش کے لیے لوگوں میں بے قراری نظر آئے اور نمائش پر اس کی باتیں یا اس کا مطمح نظر کھل کر سامنے آ جائے۔

کہانی کے انتخاب کے بعد فلم میکر کرداروں کی تلاش شروع کر دیتا ہے۔ اس تعلق سے کئی طرح کے قطع و برید کے بعد، کئی امتحانی مراحل سے گزر کر، کئی باریکیوں کی چھان پھٹک کے بعد فلم میکر یہ مرحلہ طے کرتا ہے۔ کرداروں کے تعین کے وقت فلم میکر پروڈیوسر یعنی جو فلم میں سرمایہ لگائے گا اس کی مرضی کو بھی شامل کرتا ہے۔ اور دونوں کی رضامندی سے یہ معرکہ سر کر لیا جاتا ہے۔ پروڈیوسر پورے پروجیکٹ کے لیے ایک متعین رقم مختص کر لیتا ہے۔ اور فلم میکر اس میں سے کرداروں، مناظروں، کرداروں

کے لوازمات، شوٹنگ کے لوازمات، قانونی پیچیدگیوں کے لیے لگنے والی ساری مالی ضابطگیوں کو خوش اسلوبی سے پوری کرتا ہے۔ فلم میکر کرداروں کی فہرست سازی کے بعد مناظر کے تعلق سے بھی اسی پسند ناپسند اور اسی تحقیق و تجسس کو مد نظر رکھتا ہے اور کہانی نویس یا منظر نگار کی منشا اور کہانی کی ضرورت کے مطابق جگہوں کا انتخاب کرتا ہے۔ جس طرح کرداروں سے ملاقات کے بعد اپنا اطمینان کرلینا فلم میکر اپنے لیے ضروری سمجھتا ہے اسی طرح مناظر کے متعلق بھی اسے اپنا اطمینان کرلینا از حد ضروری ہوتا ہے۔ وہ کہانی نویس یا مکالمہ نگار یا منظر نویس کے ساتھ بذاتِ خود کہانی کے متقاضی مناظر کی سیر کرتا ہے۔ شوٹنگ کے مخصوص مقامات کے لیے اپنا ذہن بناتا ہے۔ کہانی، سرمایہ، کردار، مناظر، شوٹنگ کے لوازمات اور مقامات کے تعین کے بعد فلم کی شوٹنگ شروع کی جاتی ہے۔ یہ سارا عمل فلم میکنگ سے پہلے منصوبہ بندی کے مراحل میں طے ہوتا ہے۔ دوسرا مرحلہ شوٹنگ کا ہوتا ہے۔ شروع سے آخر تک فلم میکر اس پورے عمل کا حصہ ہوتا ہے۔ کردار بدلتے رہتے ہیں، مناظر بدلتے رہتے ہیں، پروڈیوسر بھی نہ سابقہ بنا رہتا ہے اور نہ ہی لاحقہ کی صورت وہ شوٹنگ کے عمل میں موجود ہوتا ہے۔ وہ صرف اس بات کا انتظار کرتا ہے کہ کب فلم کی شوٹنگ ختم ہو؟ کب فلم سنیما گھروں کی زینت بنے اور کب اس کا سرمایہ سود سمیت واپس مل جائے۔ فلم میکر اس کی دولت فلم کے بنانے میں مناسب طریقے سے استعمال کرتا ہے۔ فلم میکر کے ساتھ شوٹنگ کے مراحل میں مکالمہ نویس، شوٹنگ کے لوازمات کے ذمہ داران، کاسٹیوم ڈیزائنر، اگر گانے کا وقت ہو تو کوریوگرافر، لوکیشن مینجر، ساؤنڈ ڈیزائنر کی موجودگی اہمیت کی حامل ہوتی ہے۔ فلم میکر شوٹنگ کی شیڈول کا بہت سارا کام اپنے اسسٹنٹ کے سپرد بھی کرتا ہے۔ اسے اسسٹنٹ ڈائریکٹر کہا جاتا ہے۔ یہ کردار بھی شوٹنگ کے خاتمے تک فلم میکر کے ساتھ

موجود رہتا ہے۔

فلم کی شوٹنگ مکمل ہو جانے کے بعد فلم میکر اپنے ایڈیٹر کے ساتھ فلم کی ترتیب میں جٹ جاتا ہے۔ فلم کے وقفہ کا تعین بھی اسی مرحلے میں ہوتا ہے۔ فلم تین گھنٹے کی ہوگی یا دو گھنٹے کی۔ شوٹنگ کے دوران کئی غیر ضروری مناظر کی عکس بندی ہوگئی تھی تو اسے اصل ریل یا فلم سے الگ کرنا، کرداروں اور مکالموں کی غیر اہم کارگزاریوں کو ریل سے نکال دینا، اگر کسی وجہ سے کوئی اہم منظر غیر اطمینان بخش طریقے سے شوٹ ہوا ہو تو اس کی دوبارہ شوٹنگ کرکے مکمل فلم سے اپنا اطمینان کرلینا فلم میکر کے لیے ضروری ہوتا ہے۔ ایڈیٹنگ کا مرحلہ سب سے زیادہ ذمہ داری کا تقاضا کرتا ہے۔ کیوں کہ یہ عمل خام بنے ہوئے مال کو پختہ اور دلکش بنا کے بازار میں پیش کرنے کا چیلنج ہوتا ہے۔ ایڈیٹنگ کے بعد فلم نمائش کے لیے سینما گھروں میں پیش کی جاتی ہے۔

فلم میکنگ ذرائع ابلاغ و ترسیل میں ایک اہم اور ناقابلِ نظر انداز عنصر کی اہمیت رکھتا ہے۔

ڈراما: فلم میکنگ کی طرح ڈراما بھی ماس میڈیا کا اہم جز تصور کیا جاتا ہے۔ ڈراما اور فلم میکنگ میں کئی اجزا مشترک ہیں۔ کہانی، کردار، مکالمے، مناظر وغیرہ۔ ڈرامے کے لیے یہ لازم نہیں ہے کہ وہ شوٹ بھی ہو۔ کردار صرف اسے ادا کرتے ہیں اور ناظرین یا تماش بین اس سے محظوظ ہوتے ہیں۔ ڈرامے تین قسم کے ہوتے ہیں، اسٹیج ڈرامے، ریڈیو ڈرامے اور نکڑ ڈرامے جنھیں نکڑ ناٹک کہتے ہیں۔

ہمارے معاشرے میں ڈرامے کی ابتدائی قبولیت یا عدم قبولیت کی وہی کہانی ہے جو فلم میکنگ کے ضمن میں بیان ہو چکی ہے۔ شروعات میں ڈرامے کو ناپسندیدگی کی نظروں سے دیکھا جاتا تھا۔ اس میں کام کرنا معیوب گردانا جاتا تھا۔ اسے دیکھنا آوارگی کا متبادل

تھا۔ اردو میں ڈرامے کی شروعات واجد علی شاہ بلکہ ایک تحقیق کے مطابق ان سے پہلے ممبئ میں مراٹھی کے ناٹک کار وشنو پنت بھاوے کے ہندوستانی ڈرامے 'راجا گوپی چند جالندھر' سے ہوئی۔ واجد علی شاہ کے رہس اور امانت کے 'اندر سبھا' نے اس روایت کو آگے بڑھایا۔ تاہم ایک خیال یہ بھی ہے کہ امانت کا 'اندر سبھا' اردو کا سب سے پہلا باضابطہ ڈراما کہلاتا ہے۔ جو بھی ہو، یہ ساری باتیں ۱۸۵۰-۵۵ کے درمیان کی ہیں۔ اسی دوران اردو ڈرامے کا ورود ہوتا ہے۔ ممبئ کے پارسی اردو تھیٹر نے اردو ڈرامے کی ترقی میں نمایاں کردار ادا کیا ہے۔ یہاں کئ ڈراما نگار اردو کے دامن میں اپنی جگہ بنانے میں کامیاب ہوئے۔ مہروان جی آرام، افسوں مراد آبادی، رونق بنارسی، حسینی میاں ظریف، طالب بنارسی، بیتاب بنارسی، آرزو لکھنوی، سید مہدی حسن احسن لکھنوی، نازاں دہلوی، آغا حشر کاشمیری، محشر انبالوی وغیرہ کئی ڈراما نگار پارسی تھیٹر سے جڑے ہوئے تھے۔ ان ڈراما نگاروں میں جو شہرت آغا حشر کاشمیری کو حاصل ہوئی وہ کسی اور کو نہ مل سکی۔ اس دور میں ڈراما صرف تفریح کے لیے کھیلا جاتا تھا، اسٹیج کیا جاتا تھا۔ آغا حشر نے اسے خواب و خیال کی دنیا سے نکال کر اصلیت کی جانب ملتفت کیا۔ انھوں نے نہ صرف خود حقیقی موضوعات پر ڈرامے لکھے بلکہ پارسی مالکان کو بھی اسی روش پر چلنے پر مجبور کیا۔ اسیر حرص، سفید خون، خوبصورت بلا، رستم وسہراب جیسے کئی ڈرامے ان کی یادگار ہیں۔

آغا حشر اور ان کے معاصرین نے اسٹیج ڈرامے کو عروج عطا کیا۔ سید امتیاز علی تاج اپنا مایہ ناز ڈراما 'انارکلی' لکھتے ہیں۔ پارسی مالکان امتیاز علی تاج کے ڈرامے کو اسٹیج کرنا چاہتے تھے۔ مگر اس میں کئی طرح کی تبدیلیوں کے خواہاں بھی تھے۔ 'انارکلی' کے لیے دراصل ڈرامے کا اسٹیج غیر موزوں تھا۔ اس کی وجہ یہ ہے کہ ڈراما نگار کے تخلیق کردہ جنگوں کے مناظر، اس کے سازوسامان، دربارِ اکبری اور اس کے لوازمات کو اسٹیج پر خاطر خواہ انداز

میں پیش نہیں کیا جاسکتا تھا۔ اس کے لیے اسٹیج کا کینوس محدود تھا۔ تاہم اس ڈرامے نے تحریر کی شکل میں اپنی موجودگی اور مقبولیت کے کئی ریکارڈ بنائے۔ یہ ڈراما اردو کی ادبی تاریخ میں سنگ میل کی حیثیت اختیار کر گیا۔ اس پر بالی ووڈ میں فلم بھی بنائی گئی اور آج بھی یہ ڈراما تحریر میں موجود ہے اور قارئین کی دلچسپی کا موضوع بنا ہوا ہے۔ اتفاق یہ ہے کہ یہ ڈراما کبھی اسٹیج کی زینت نہیں بن سکا۔ اردو میں ڈراما نگاری کا سلسلہ جاری رہا۔ حکیم احمد شجاع، منشی جوالا پرشاد برق، نورالٰہی و محمد عمر، سید عابد علی عابد، عشرت رحمانی، سعادت حسن منٹو، کرشن چندر، راجندر سنگھ بیدی، پروفیسر محمد مجیب، پروفیسر اشتیاق حسین قریشی، بادشاہ حسین حیدر آبادی، ساغر سرحدی، حبیب تنویر، آغا شمس الدین، رفعت شمیم، اقبال نیازی، اسلم پرویز وغیرہ کئی ڈراما نگاروں کے نام اس زنجیر سے جڑے ہوئے ہیں۔ اردو میں ترقی پسند تحریک کے دور میں اسٹیج کی طرف بھی ترقی پسند قلم کاروں نے توجہ کی۔ انڈین پیپلس تھیٹر ایسوسی ایشن (اپٹا) کا قیام اسی دور کی یادگار ہے۔ اپٹا کے زیرِ اہتمام کئی ڈرامے اسٹیج ہوئے۔ ممبئی میں آئیڈیا، ایک جٹ، رنگ شیلا، کردار ڈراما گروپ وغیرہ کئی ادارے اردو اور دوسری زبانوں کے ڈراموں کو اسٹیج کرتے رہے ہیں۔

پارسی تھیٹر کے آخری دور میں فلم اور ریڈیو کی آمد نے تھیٹر اور اسٹیج کی جگمگاہٹ کو کسی قدر دھندلا دیا اور ذرائع ابلاغ و ترسیل کی دنیا میں بھی انقلاب آیا۔ اسٹیج کے ڈراموں سے وہی لوگ لطف اندوز ہو سکتے تھے جو اس وقت وہاں موجود ہوں، مگر ریڈیو نے ڈرامے کی ترسیل کی وسعت میں اضافہ کیا۔ اس نے کئی ڈرامے نشر کیے۔ جن کو دور دراز علاقوں میں رہنے والے لوگوں نے بھی سنا اور ان سے محظوظ ہوئے۔ ان کی معلومات میں اضافہ ہوا، ان کے ذوق کو جلا ملی اور انھوں نے بھی اپنے آپ کو دنیا سے روبرو پایا۔ ریڈیو ڈراما دیکھنے کی نہیں سننے کی چیز ہے۔ یہاں اسٹیج ڈرامے کی سی آزادی نہیں ہے۔ صوتی اثرات پر

خصوصی توجہ درکار ہوتی ہے، مکالموں کی چستی اور ان کے انداز بیان میں ضروری لچک و روانی ہوتی ہے۔ یہاں مناظر کی بولتی تصاویر، کرداروں کی بولتی تصاویر ہوتی ہیں۔ اختصار ریڈیو ڈرامے کی خوبی ہے۔ کم سے کم الفاظ میں زیادہ سے زیادہ بات اور واقعات بیان کرنا ڈراما نگار کے لیے کسی چیلنج سے کم نہیں ہوتا۔ رفیع پیرزادہ، شوکت تھانوی، سعادت حسن منٹو، یوسف ظفر، ابوسعید قریشی، ممتاز مفتی، انور جلال وغیرہ کئی ڈراما نگاروں نے ریڈیائی ڈرامے تحریر بھی کیے اور انھیں نشر بھی کیا۔

نکڑ ناٹک ہندوستانی مزاج سے ہم آہنگ ڈرامے کی ایک قسم ہے۔ اس کی جڑیں ہمیں گشتی تبلیغی منڈلیوں میں ملتی ہیں۔ ان میں ہوتا یہ تھا کہ کوئی منڈلی مذہبی اساطیری کہانیوں اور داستانوں کو گاؤں گاؤں جاکر گلیوں میں اور نکڑوں پر منظوم طرز میں پیش کیا کرتی تھی۔ مراٹھی ڈرامے کی شروعات بھی اسی سلسلے کی ایک کڑی ہے۔ ترقی پسندوں نے اس قدیمی اندازِ اظہار یعنی نکڑ سبھا یا نکڑ ناٹک کو خاطر خواہ استعمال کیا۔ آزادی کے بعد سے تاحال اردو اور ہندوستان کی دیگر زبانوں میں نکڑ ناٹک ہزاروں کی تعداد میں کھیلے گئے اور آج بھی یہ سلسلہ جاری ہے۔ نکڑ ناٹک موضوعات کے تنوع اور جدت کی وجہ سے زیادہ اثردار اور پسندیدہ ہیں۔ کالج گروپس یا پیشہ ورانہ ڈراما گروپس بھی نکڑ ناٹک نئے نئے اور حساس موضوعات پر کھیلتے رہے ہیں، عوام کو موضوعات کی اہمیت اور ان کے اثرات سے روشناس کراتے رہے ہیں۔

***

بلراج ساہنی

انیس امروہوی

ہندوستان کے صوبہ پنجاب نے جہاں زندگی کے دُوسرے شعبوں میں بڑے بڑے فنکار پیدا کیے ہیں، وہیں فلمی دُنیا کو بھی کئی اہم ستون بخشے ہیں۔ پرتھوی راجکپور، دلیپ کمار، ساحر لدھیانوی، راجکپور، دھرمیندر، راج کھوسلہ، بی۔ آر چوپڑہ، یش چوپڑہ، نور جہاں، پران، راجندر سنگھ بیدی اور راجیندر کمار وغیرہ کے نام فلمی تاریخ کبھی فراموش نہیں کرسکتی۔ اُسی پنجاب نے، چاہے وہ پاکستان کا پنجاب ہو یا ہندوستان کا پنجاب۔۔۔ یا ہم یوں کہیں کہ غیر منقسم پنجاب نے ایک بہت بڑے فنکار کو جنم دیا جو آگے چل کر فلمی دنیا کا اہم ستون ثابت ہوا۔

بلراج ساہنی کا جنم یکم مئی ۱۹۱۳ کو راولپنڈی میں ہوا تھا، جو تقسیم وطن کے بعد اب پاکستان میں ہے۔ راولپنڈی دو بڑے شہروں، لاہور اور پیشاور کے درمیان میں ایک نسبتاً چھوٹا شہر تھا۔ پیشاور کے لوگ پرانی وضع کے تھے، جبکہ لاہور نئی روشنی کا شہر تھا، لیکن بلراج جی کے بچپن میں راولپنڈی میں بھی نئی روشنی ہونے لگی تھی، اور قدیم شہر جدیدیت کی طرف گامزن ہو گیا تھا۔ ہندوستان کی تحریک آزادی کی وجہ سے بھی لوگوں میں ایک نیا سیاسی شعور بیدار ہونے لگا تھا۔ غیر ملکی کپڑوں کی ہولی جلائی جانے لگی تھی اور نمک کا قانون بھی توڑا جانے لگا تھا۔

بلراج ساہنی کی زندگی کی کہانی بھی اپنے آپ میں ایک عجیب وغریب داستان ہے۔۔۔ بڑی سادہ سی زندگی، مگر کتنی جدوجہد بھری۔ بلراج ساہنی کے والد ہربنس لال ساہنی راولپنڈی کے چھاچھی محلہ کے ایک دومنزلہ مکان میں اپنی بیوی لکشمی، دو بیٹوں، بلراج اور بھیشم اور دو بیٹیوں، ویراں اور سمترا کے ساتھ رہتے تھے۔ ان سب بچوں میں تیسرے نمبر پر بلراج ساہنی تھے اور بھیشم سب سے چھوٹے تھے۔ ان کے والد کپڑے کا کاروبار کرتے تھے، جس میں کمیشن کے طور پر اوسط آمدنی ہو جایا کرتی تھی۔ ان کے والد کی بازار میں کوئی دوکان نہیں تھی، بلکہ گھر پر ہی مکان کے نچلے حصے میں انھوں نے ایک چھوٹا سا دفتر بنالیا تھا۔ خاندان کے سب لوگ گھر کے اوپری حصے میں رہتے تھے۔ بلراج جی کے والد ہربنس لال ساہنی آریہ سماجی خیالات کے تھے اور راولپنڈی کے آریہ سماج کے منتری بھی تھے۔ ان دِنوں آریہ سماج کا ہمارے معاشرے پر اثر بڑھ رہا تھا اور مورتی پوجا، مذہبی ڈھونگ اور اندھے عقائد و روایات کے خلاف ویدک ادب، سنسکرت زبان اور سچے صوفی ازم کے رجحانات سماج پر کافی اثر ڈال رہے تھے۔

بلراج ساہنی اور اُن کے چھوٹے بھائی بھیشم ساہنی کو بچپن میں گروکل میں سنسکرت پڑھنے کے لیے بھیجا گیا، مگر وہاں دونوں کا دل نہیں لگا اور ایک دن بلراج ساہنی نے اپنا فیصلہ اپنے والد کو سنا دیا کہ وہ اب گروکل میں نہیں بلکہ اسکول میں پڑھیں گے۔ اُن کے والد اس بات سے حیران رہ گئے، مگر حقیقت میں بلراج ساہنی نے جیسے ان ہی کے دل کی بات کہہ دی تھی۔ وہ اپنا سارا کام اُردو یا انگریزی میں کرتے تھے، اور یہ سمجھتے تھے کہ نئی طرز کی تعلیم اب اُن کے بچوں کے لیے بھی ضروری ہو گئی ہے۔ ان کی والدہ بھی بچوں کو نئی تعلیم دلانے کے حق میں تھیں، اس لیے دونوں بھائیوں کو اسکول میں داخل کرا دیا گیا۔ بڑے بھائی بلراج ساہنی چھوٹے بھائی بھیشم ساہنی سے صرف دو سال ہی

بڑے تھے، مگر انہیں چوتھی کلاس میں اور بھیشم ساہنی کو پہلے درجے میں داخلہ ملا۔

بلراج ساہنی لڑکپن سے ہی اپنا ادبی رجحان نظموں کے ذریعے ظاہر کرنے لگے تھے، صرف پندرہ برس کی عمر میں ہی وہ اردو میں شعر کہنے لگے۔ ایک پوری نظم انگریزی میں بھگت سنگھ کی یاد میں کہہ ڈالی۔ بلراج اور بھیشم دونوں بھائیوں نے مڈل کلاس تک کی تعلیم راولپنڈی میں ہی حاصل کی، بعد میں اعلیٰ تعلیم کے لیے وہ لاہور چلے گئے۔

بلراج ساہنی کو بچپن سے ہی ادبی ماحول اپنے خاندان میں ہی مل گیا تھا۔ ان کی دو پھوپی زاد بہنیں کشمیر میں رہتی تھیں، جن میں سے ایک پروشارتھ وتی کے شوہر جانے مانے ادیب اور مدیر چندر گپت وِدیالنکار تھے، جو ادب پر اکثر بحثیں کرتے رہتے تھے۔ بلراج ساہنی نے بچپن میں اپنی والدہ سے بھی سنا تھا کہ ان کی دادی بھی کویتا کہتی تھیں اور ان کے کاروباری والد نے بھی بتایا تھا کہ ایک زمانے میں انھوں نے بھی ایک ناول لکھا تھا، مگر وہ شائع نہیں ہو سکا تھا۔

بلراج ساہنی کی تعلیم ایم۔ اے انگریزی تک ہونے کے بعد ان کے والد ہربنس لال ساہنی نے ان کو اپنے کپڑے کے کاروبار میں شامل کر لیا۔ شادی کے بعد ۱۹۳۷ میں بلراج ساہنی نے والد اور چھوٹے بھائی بھیشم ساہنی کو کاروبار اور دفتر کی ذمے داریاں سونپ کر گھر والوں سے الوداع کہا اور اپنی بیوی دمینتی کے ساتھ کولکاتہ میں رابندر ناتھ ٹیگور کے شانتی نکیتن چلے گئے، جہاں انھوں نے ہندی اور انگریزی کے استاد کی حیثیت سے خدمات انجام دیں۔

شانتی نکیتن کا ماحول بلراج ساہنی کے مزاج کے عین مطابق تھا۔ وہاں پہنچ کر بلراج کے دل نے گواہی دی کہ یہی زندگی ہے جو وہ جینا چاہتا ہے۔ شروع شروع میں شانتی نکیتن کے پُر سکون ماحول میں بلراج ساہنی کا دل خوب لگا، مگر جلد ہی وہ وہاں کی یکسانیت

اور موسیقی ریز ادبی ماحول سے اُکتا گئے۔ ان کو وہاں کی شانت اور پُر سکون زندگی سے اُلجھن سی ہونے لگی، کیونکہ ان کے دل میں کچھ کر گزرنے کا ارمان جوش مار رہا تھا۔ بلراج ساہنی کے دل میں ملک و قوم کے لیے اپنے آپ کو وقف کر دینے کا جذبہ موجزن تھا۔ ایسا لگتا تھا کہ جیسے ملک کی روح، ہندوستان کی آتما اُن کو اپنی طرف بلا رہی ہے۔ ملک و قوم کی اس آواز پر بلراج ساہنی مہاتما گاندھی کے پاس وَردھا جا پہنچے۔

وردھا پہنچ کر انھوں نے رسالہ 'نئی تعلیم' کی ادارت اپنے ذمے لے لی۔ ابھی تھوڑے ہی دن ہوئے تھے کہ ۱۹۳۹ میں بلراج ساہنی کو بی۔ بی۔ سی لندن سے مراسلہ ملا کہ ان کا انتخاب بی۔ بی۔ سی کی ہندی سروس میں اناؤنسر کی حیثیت سے ہو گیا ہے۔ لہٰذا وہ گاندھی جی سے آشیرواد لے کر انگلینڈ چلے گئے، جہاں بی۔ بی۔ سی۔ کی ریڈیو سروس میں ہندی کے اناؤنسر کی حیثیت سے ملازم ہوئے۔ اس طرح بلراج ساہنی پورے چار برس تک ملک سے باہر رہ کر ملک کی اہم خدمت انجام دیتے رہے اور یہ چار برس بلراج ساہنی کی زندگی میں بڑے عجیب گزرے اور ان کی زندگی کے لیے اہم بھی تھے۔

یہاں رہتے ہوئے ہندوستان میں چل رہی آزادی کی لڑائی میں شامل نہ ہونا اب ان کے بس کی بات نہ رہی تھی۔ لہٰذا وہ اس جنگِ آزادی میں اپنے ہم وطنوں کے کندھے سے کندھا ملا کر لڑنے کے لیے وطن واپس چلے آئے۔ یہاں آ کر انہوں نے 'لوک ناٹئیہ منچ' کی ذمے داریاں قبول کر لیں۔ یہ بھی ایک طریقہ تھا عام لوگوں سے وابستہ ہونے اور عام زندگی سے قریب رہنے کا۔ ناٹک یا ڈرامے کے ذریعے ایک عام آدمی سے اداکار یا فنکار کا کتنا گہرا تعلق ہوتا ہے، یہ بات بلراج ساہنی کو بہت اچھی طرح معلوم تھی، اور وہ یہی کر بھی رہے تھے۔ ڈراموں سے اُن کو اتنا لگاؤ تھا کہ رات دن سوتے جاگتے بس ڈراموں کی ہی باتیں ان کی گفتگو کا موضوع ہوا کرتی تھیں۔ اس کے ساتھ ہی وہ تحریک آزادی میں بھی

برابر حصہ لیتے رہے اور ہر طرح سے کانگریس کے ایک اہم اور سرگرم رکن رہے۔ اسی دوران بلراج ساہنی کا ذہن فلموں کی طرف متوجہ ہوا، اور انہوں نے فلموں سے وابستہ ہونے کا مصمم ارادہ کر لیا۔ ۱۹۴۴ میں وہ اِپٹا (انڈین پیپلز تھیئٹر ایسوسی ایشن) سے وابستہ ہو گئے، وہیں سے فلمساز و ہدایت کار مجمدار کی فلم 'انصاف' میں ایک چھوٹا سا کردار ادا کیا۔

اس کے فوراً بعد ہی خواجہ احمد عباس کی فلم 'دھرتی کے لال' میں ایک بھرپور کردار ادا کرنے سے ان کی پہچان شروع ہوئی۔ یہ فلم بنگال کے قحط زدگان سے متعلق ایک انتہائی اثردار فلم تھی۔

جب بلراج ساہنی پوری طرح فلموں سے وابستہ ہو گئے اور انہوں نے اپنے آپ کو مکمل طور پر فلموں سے جوڑ لیا تب اس زمانے کے چند بڑے اچھے اور قابل فلمساز اور ہدایتکار فلمی دنیا میں موجود تھے۔ یہ بلراج ساہنی کی خوش قسمتی تھی کہ ان کو ہمیشہ قابل اور سلجھے ہوئے ہدایتکار اور فلمساز ملے۔ یہی وجہ ہے کہ فلمی آسمان پر بلراج ساہنی کا نام اس روشن ستارے کی طرح جگمگایا جس سے لوگ دشاؤں کا گیان حاصل کرتے ہیں۔

بلراج ساہنی نے اپنی فلمی زندگی کا باقاعدہ آغاز ۱۹۴۶ میں فلم 'دھرتی کے لال' سے کیا، مگر ان کو شہرت ملی ۱۹۵۳ میں ریلیز بمل رائے کی فلم 'دو بیگھہ زمین' سے۔ اس فلم نے عالمی شہرت حاصل کی اور کانس فلم فیسٹیول میں اعزاز سے نوازی گئی۔ ۱۹۴۷ میں کم عمری میں ہی اُن کی بیوی دمینتی ساہنی کا انتقال ہو گیا اور اس کے دو سال بعد ہی بلراج ساہنی نے اپنی ایک کزن سنتوش چندھوک سے شادی کر لی، جو ٹیلی ویژن میں ایک مصنفہ کے طور پر مشہور ہوئیں۔

گرم کوٹ، ہیرا موتی، دو بیگھہ زمین، ہم لوگ، کابلی والا، سیما، گرم ہوا، ہنستے زخم، وقت، حقیقت، سنگھرش اور 'نیل کمل' وغیرہ کچھ ایسی فلمیں ہیں جن میں بلراج ساہنی

نے اپنی فنی صلاحیتوں سے ان سب کرداروں کو زندگی بخشی جو اِن فلموں میں انھوں نے پیش کیے۔ یہ چند ایسی فلمیں ہیں جن کی وجہ سے بلراج ساہنی کو فلمی تاریخ کبھی فراموش نہیں کر سکتی۔

بلراج ساہنی ایک نیک دل، سلجھے ہوئے اور دانشور قسم کے سادگی پسند انسان تھے۔ سب سے بڑی بات یہ تھی کہ وہ انسان کو انسان ہی سمجھتے تھے اور چھوٹے، بڑے یا امیر غریب کی تفریق کرنا اُن کے مزاج کے خلاف تھا۔

اس سلسلے کا ایک واقعہ بلراج ساہنی نے اپنی کتاب 'یادیں' میں تحریر کیا ہے، بلراج ساہنی کسی فلم کی شوٹنگ کے لیے چنڈی گڑھ آئے ہوئے تھے۔ آؤٹ ڈور کا کام تھا اور فلم کا سارا یونٹ ایک رات کسی امیر دوست کے گھر پارٹی میں مصروف تھا۔ بڑے زوروں کی محفل جمی ہوئی تھی۔ پنجابی مہمان نوازی، پنجابی حسن، پنجابی ہنسی مذاق اپنے شباب پر تھا۔ مارچ کے مہینے کا بے حد سہانا موسم تھا۔ دن بھر تمام یونٹ نے شوالک کی پہاڑیوں کے آنچل میں شوٹنگ کی تھی اور بڑے حسین شاٹ لیے تھے۔ اسکاچ کے گھونٹ بھرتے ہوئے دن بھر کی تھکاوٹ میں بھی بڑا سرور محسوس ہو رہا تھا۔ ڈرائنگ روم بھی دوشیزاؤں سے دہک رہا تھا۔ ایسے ماحول میں بلراج ساہنی کے ایک دوست نے آکر کان میں کہا۔ "بلّی! باہر ایک آدمی کھڑا ہے تم سے ملنے کے لیے۔ ذرا ایک منٹ باہر جاکر اُسے درشن دے آؤ۔"

"یہ نہیں ہو گا۔" بلراج نے کہا۔ "آج کے دن میں ساری ڈیوٹیاں ادا کر چکا ہوں۔ اب اپنے نجی وقت پر مجھے مکمل اختیار حاصل ہے اور اس کا پورا پورا مزہ لینا چاہتا ہوں۔ تم اس سے کہہ دو کہ کل صبح مجھے ہوٹل میں آکر ملے۔"

"میری درخواست ہے بلی۔ وہ شام پانچ بجے کے پہلے سے ہی میری کوٹھی پر تھا اور

اب اس کوٹھی کے باہر کھڑا ہے۔" دوستوں میں سب ان کو بلّی کہتے تھے۔

دوست کی اس درخواست پر بلراج ساہنی بڑی بے دلی کے ساتھ باہر آئے۔ دودھیا چاندنی میں چمک رہے سیمنٹ کے فرش پر کھڑے کچھ لوگوں کی ٹولی کے پاس بگھی پر پلاسٹک کے پُتلے کی طرح اوم پرکاش نام کا ایک شخص بیٹھا ہوا تھا۔ بلراج کو دیکھ کر اس نے فوجی ڈھنگ سے سلام کیا، جس کا مطلب بلراج ساہنی سمجھ نہ پائے۔ ان کو یہ بھی معلوم نہ تھا کہ اتنے لوگوں میں ان کو کس سے ملنا ہے۔ قریب جا کر وہ ان سب لوگوں سے ہاتھ ملانے لگے، اور اوم پرکاش بگھی پر بیٹھے ہوئے ہی بولا۔ "کیا ہم بھی میجر رَن وِیر سنگھ صاحب کے ساتھ ہاتھ ملا سکتے ہیں ؟" اتنا کہہ کر وہ کھکھلا کر ہنس پڑا۔

بلراج ساہنی کو حیرت ہوئی اور اس کو بغیر ٹانگوں کے دیکھ کر ہمدردی بھی۔ ایک خیال ان کے دماغ میں یہ بھی آیا کہ یہ لوگ کہیں ان کے ساتھ مذاق تو نہیں کر رہے۔

"کون میجر رن ویر سنگھ ؟" بلراج ساہنی نے حیرت سے پوچھا۔

"حقیقت" کے رن ویر سنگھ، اور کون ؟" وہ پھر اسی طرح ہنسا۔

اب بلراج جی کو یاد آیا کہ فلم 'حقیقت' میں انھوں نے ایک فوجی میجر رن ویر سنگھ کا کردار ادا کیا تھا۔ حالانکہ بات کافی پُرانی ہو گئی تھی مگر اس وقت اوم پرکاش کے ان الفاظ سے بلراج جی کو خوشی ضرور ہوئی تھی۔

"میں نے تین بار دیکھی تھی صاحب وہ پکچر۔ چوتھی بار اپنی ماں کو ساتھ لے کر دیکھنا چاہتا تھا، مگر میرے پاس پیسے نہیں تھے۔" اوم پرکاش نے پھر کہا۔

"اتنی زیادہ پسند آئی تمھیں۔" بلراج جی نے رسمی طور پر پوچھا۔

"کیسے نہ آتی صاحب، ہم بھی تو لڑے ہیں چینیوں کے ساتھ۔ آپ میجر ٹھہرے، ہم ایک معمولی سپاہی سہی۔"

اس کی طنزیہ ہنسی اور لکڑی کی ٹانگوں کی اصلیت جان کر بلراج جی حیرت زدہ رہ گئے۔ ایک فوجی جوان جس نے جنگ میں دونوں ٹانگیں کھوئی تھیں، اُن سے ملنے کے لیے چار گھنٹے سے انتظار کر رہا تھا۔ ان کو بڑی شرمندگی محسوس ہوئی۔

"تم نے مجھے اطلاع کیوں نہیں دی کہ تم فوجی جوان ہو؟" بلراج ساہنی نے پوچھا۔

"بتا کر ملنے میں نہیں، بلکہ مل کر بتانے میں مزہ ہے میجر صاحب۔" اس نے کہا۔

"مجھے بار بار میجر کہہ کر شرمندہ نہ کرو، خدا کا واسطہ ہے۔" بلراج ساہنی نے عاجزی سے کہا۔

"آپ اپنی قیمت ہمارے دل سے پوچھیے۔" اوم پرکاش نے کہا۔ اس کی باتوں میں کتنی حقیقت تھی، کتنی ایکٹنگ تھی، بلراج ساہنی کو اندازہ نہیں ہو رہا تھا۔

ایکٹنگ میں بھی مجبوری کا جزو ہوتا ہے۔ عورت ہمارے سماج میں مجبور ہے، اس لیے اپنی خواہشوں کو تہوں میں لپیٹ کر رکھتی ہے۔ وہ اپنی ہار میں بھی جیت کا مزہ لینے کی کوشش کرتی ہے۔ بلراج بھی اگر اس وقت مجبور نہ ہوتے تو بغیر ہچکچاہٹ اس بہادر نوجوان کو پوری عزت کے ساتھ پارٹی میں اندر لے جاتے اور اس سے ہاتھ ملانا ہر کسی کے لیے فخر کی بات ہوتی۔ اس کی بدولت پارٹی کو چار چاند لگ جاتے۔ مگر وہ صرف ایسا سوچ سکتے تھے کیونکہ اپنی سوچ پر عمل نہ کرنے کے لیے وہ مجبور تھے۔ اپنے جذبات کو قابو میں کرتے ہوئے انہوں نے جوان سے اتنا ہی کہا۔ "میرے لائق کوئی خدمت ہو تو ضرور بتانا۔"

"وہ تو ابھی بتائے دیتا ہوں۔ آپ منظور کریں گے؟ میرا گھر یہاں سے صرف پانچ منٹ کے فاصلے پر ہے۔ ذرا چل کر میری ماں سے مل لیجیے، آپ کی بڑی مہربانی ہوگی۔" اوم پرکاش نے بلا تکلف کہہ دیا۔

بلراج جی اسی وقت اپنی رنگین اور پُرشباب پارٹی چھوڑ کر دوستوں کے منع کرنے کے باوجود اس جوان کے ساتھ اس کی خوشی کے لیے اس کے گھر روانہ ہو گئے۔

بلراج جی کی زندگی میں اس قسم کے ہزاروں واقعات بھرے پڑے ہیں جن کو قلمبند کرنے کی نہ تو یہاں گنجائش ہے اور نہ ہی ضرورت۔ کیونکہ وہ ہر لحاظ سے ایک نیک دل اور سادہ لوح انسان تھے، اور ایسے ہی کردار انہوں نے فلمی پردے پر اپنی فنکارانہ صلاحیتوں سے اُجاگر کیے تھے۔

فلموں سے وابستہ ہو کر بھی بلراج ساہنی کی دیش بھگتی اور قوم پرستی میں کوئی کمی نہیں آئی۔ انہوں نے اپنے ہم خیال لوگوں کے ساتھ مل کر عوام کے درمیان خدمت خلق کا کام جاری رکھا۔ ان کے ساتھیوں میں راجندر سنگھ بیدی، خواجہ احمد عباس، کیفی اعظمی اور رشی کیش مکرجی کے نام خاص طور پر لیے جا سکتے ہیں۔ بلراج ساہنی نے اُن دنوں ایسی ہی فلموں میں کام بھی کیا۔ 'گرم کوٹ، فٹ پاتھ، وقت' اور 'حقیقت' وغیرہ فلموں کی کہانی مکمل طور پر سچائی سے بھری زندگیوں کی ہی کہانیاں تھیں۔ اسی لیے ان فلموں کو نہ صرف ہندوستان میں بلکہ غیر ممالک میں بھی شہرت اور مقبولیت حاصل ہوئی۔ ان فلموں کو فلم بینوں کے ہر طبقے نے سراہا۔ سماجوادی ممالک میں شاید پہلی بار ان ہی فلموں نے ہندوستان کی نمائندگی کی اور ان فلموں سے ہندوستان کی عزت افزائی ہوئی۔ حالانکہ ان فلموں میں سے کچھ نے تجارتی نقطہ نگاہ سے کوئی خاص کامیابی نہ بھی حاصل کی ہو، مگر بلراج ساہنی نے پھر بھی اپنی آخری سانسوں تک ہار نہیں مانی اور ہمیشہ اس کوشش میں لگے رہے کہ ایسی فلموں میں کام کریں جن میں دولت کمانے کا مقصد نہ ہو کر انسانیت کی قیمت اور اہمیت کو ترجیح دی گئی ہو۔

اس سلسلے میں ایک واقعہ اور یاد آیا۔ اُن دِنوں ترلوک جیٹھلی 'گودان' بنانے کی

تیاری میں مصروف تھے۔ انھوں نے ہیرو کے کردار کے لیے بلراج ساہنی سے رابطہ قائم کرنا چاہا۔ اتفاق سے اُس وقت بلراج ساہنی شہر سے باہر گئے ہوئے تھے۔ اُن کی غیر موجودگی میں سکریٹری نے یہ پیش کش ٹھکرادی۔ ہار کر جیٹھلی نے کسی دوسرے اداکار کو اس کردار کے لیے سائن کرلیا۔

بلراج جی جب واپس آئے تو انھیں اس بات کا علم ہوا۔ ان کو بہت افسوس ہوا۔ دراصل بلراج ساہنی کو پریم چند کے ناول 'گودان' کا یہ کردار 'ہوری' بہت پسند تھا۔ اس کردار کے ساتھ بلراج جی نے ہندوستان کے غریب عوام اور ان کی تڑپ کو دل سے محسوس کیا تھا۔

بلراج ساہنی اپنی آمدنی کا ایک مخصوص حصہ ہمیشہ غریبوں اور ضرورتمندوں میں تقسیم کیا کرتے تھے۔ بلراج جی کے فلمی کرداروں میں بھی ورائیٹی ملتی ہے۔ 'دو بیگھہ زمین' میں رکشہ چلانے والے کا کردار، 'تلاش' میں ایک کروڑپتی تجارتی آدمی کا کردار اور 'سنگھرش' میں گنپتی پرساد کا کردار، جس کی آنکھوں میں ہر وقت نفرت اور بدلے کی آگ بھڑکتی رہتی ہے، 'کابلی والا' کا بھولا بھالا پٹھان جس کی نگاہیں محبت اور خلوص وہمدردی سے ہمیشہ بوجھل رہتی ہیں۔ 'گرم ہوا' میں جوتے بنانے والے ایک مسلم کاریگر کا کردار کون بھلا سکتا ہے۔ 'حقیقت' میں میجر کا کردار اور اسی طرح کے بہت سے مختلف کردار جن کو بلراج ساہنی نے زندگی بخشی۔ وہ اپنے آپ کو کردار میں اتنا جذب کرلیا کرتے تھے، کہ بلراج ساہنی کا پردے پر کہیں نام ونشان نہیں ملتا تھا اور صرف کردار ہی رہ جاتا تھا۔

بلراج ساہنی کی شخصیت کا ایک روشن پہلو یہ بھی ہے کہ وہ ایک بہترین اور سلجھے ہوئے ترقی پسند مصنف بھی تھے۔ انہوں نے ہندی، انگریزی اور پنجابی ادب کو بہت

یادگار تخلیقات بخشی ہیں۔ "میری غیر جذباتی ڈائری، یوروپ کے واسی، میرا پاکستانی سفرنامہ" اور 'یادیں' کافی مقبول کتابیں ہیں۔ فلم اور اسٹیج کے موضوع پر بھی انھوں نے 'سنیما اور اسٹیج' اور 'میری فلمی آتم کتھا' تصنیف کیں۔

۱۹۴۹ میں بلراج ساہنی کو ان کی کتاب 'میرا روسی سفرنامہ' کے لیے سوویت نہرو ایوارڈ سے نوازا گیا۔ ۱۹۶۹ میں بلراج ساہنی کو حکومت ہند کی طرف سے پدم شری کے اعزاز سے نوازا گیا۔ بلراج ساہنی نے دیو آنند کے لیے فلم 'بازی' کی کہانی بھی لکھی تھی جس کو گرودت کی ہدایت میں بنایا گیا۔

۱۳ اپریل ۱۹۷۳ کو صرف ساٹھ برس کی عمر میں بلراج ساہنی کا دل کا دورہ پڑنے سے انتقال ہو گیا۔ اِس سے کچھ عرصہ قبل ہی ان کی بیٹی شبنم کا انتقال کم عمری میں ہو گیا تھا، جس کی وجہ سے وہ بہت دل برداشتہ اور رنجیدہ تھے۔

اس میں دو رائے نہیں کہ بلراج ساہنی اداکاری کی دنیا میں ایک ایسا خلاء چھوڑ گئے ہیں جس کو پُر کرنا برسوں تک ہندوستانی فنکاروں کے بس کی بات نہیں۔

* * *